I0103291

Galerie

des

ARTISTES ANGLAIS

DE L'ÉCOLE MODERNE,

ou

COLLECTION DE GRAVURES

d'après

ROBERTS, BONINGTON, HARDING, PROUT, CLENNEL,
COPLEY FIELDING, DEWINT, AUSTIN, ET AUTRES

les plus habiles Artistes de Londres.

AVEC L'EXPLICATION DES SUJETS

*et une historique et critique sur les principaux Artistes
de la Grande-Bretagne.*

L'ouvrage de trois Gravures et Texte.

Prix de chaque Livraison. 1 fr. 50

À PARIS,

CHEZ DESENNE, LIBRAIRE,

RUE HAUTEFEUILLE, N° 10.

M DCCC XXXVI.

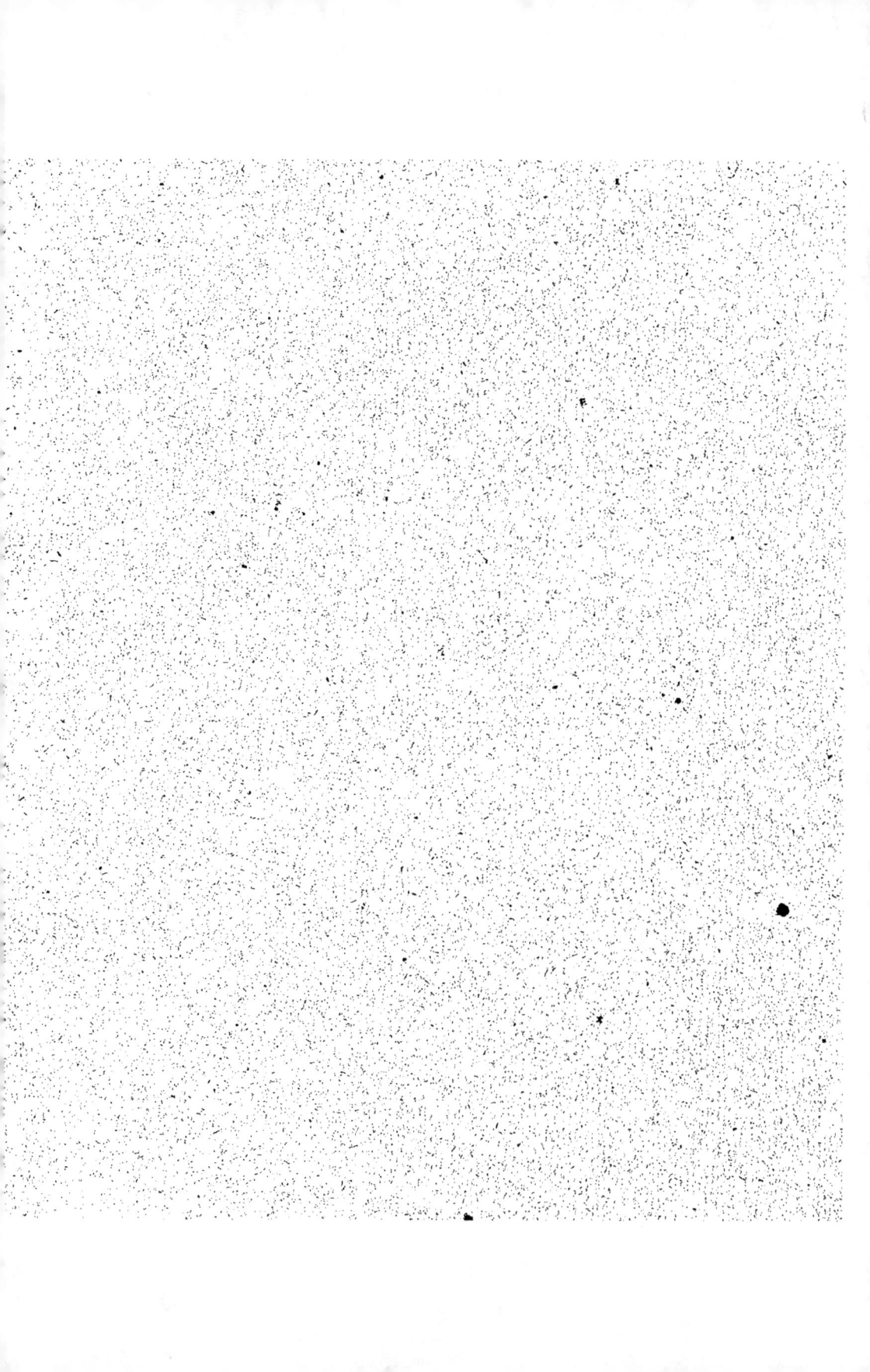

V 14781.

Marque les planches de
New~abbey
(indépendamment)
en tout 6 planches.

CONDITIONS DE LA SOUSCRIPTION.

———

Cette collection est publiée par séries.

Une série comprend 12 livraisons.

Chaque livraison se compose de trois gravures sur acier, et d'un texte contenant l'explication des sujets, ou des notices historiques et critiques sur les peintres et dessinateurs anglais de l'école moderne, ainsi que sur leurs principaux ouvrages.

Il paraît une livraison le 1er de chaque mois.

Le prix de la livraison est de 1 fr. 50 c., et de 3 fr. avec épreuves sur papier de Chine.

Les personnes qui souscrivent pour un an ou une série de douze livraisons, reçoivent les livraisons *franc de port* à mesure de leur publication.

———

On souscrit,

A PARIS, CHEZ DESENNE, LIBRAIRE,

RUE HAUTEFEUILLE, N° 10,

Et chez les principaux libraires et marchands d'estampes de Paris et des départemens.

———

On trouve chez le même Libraire :

WALTER SCOTT ET LES ÉCOSSAIS, par LEITCH RITCHIE; trad. de l'anglais. Très-beau vol. in-8°, pap. vélin, orné de 21 gravures anglaises d'après Cattermole. — 21 fr.

PARIS, IMPRIMERIE DE DECOURCHANT,
Rue d'Erfurth, n° 1, près de l'Abbaye.

Livraison Prix : 4 fr. 50 c.

GALERIE

DES

ARTISTES ANGLAIS

DE L'ÉCOLE MODERNE,

OU

Collection de Gravures

D'APRÈS

**TURNER, STANFIELD, ROBERTS, BONINGTON, HARDING,
PROUT, CLENNEL, CATTERMOLE, COX,
COPLEY FIELDING, DEWINT, AUSTIN,** ET AUTRES;

EXÉCUTÉES SUR ACIER,

Par les plus habiles Artistes de Londres;

Avec Texte

Contenant l'explication des sujets, et des notes historiques et critiques.

Première Série.

A PARIS,

CHEZ DESENNE, LIBRAIRE,
RUE HAUTEFEUILLE, N° 10.

M DCCC XXXV.

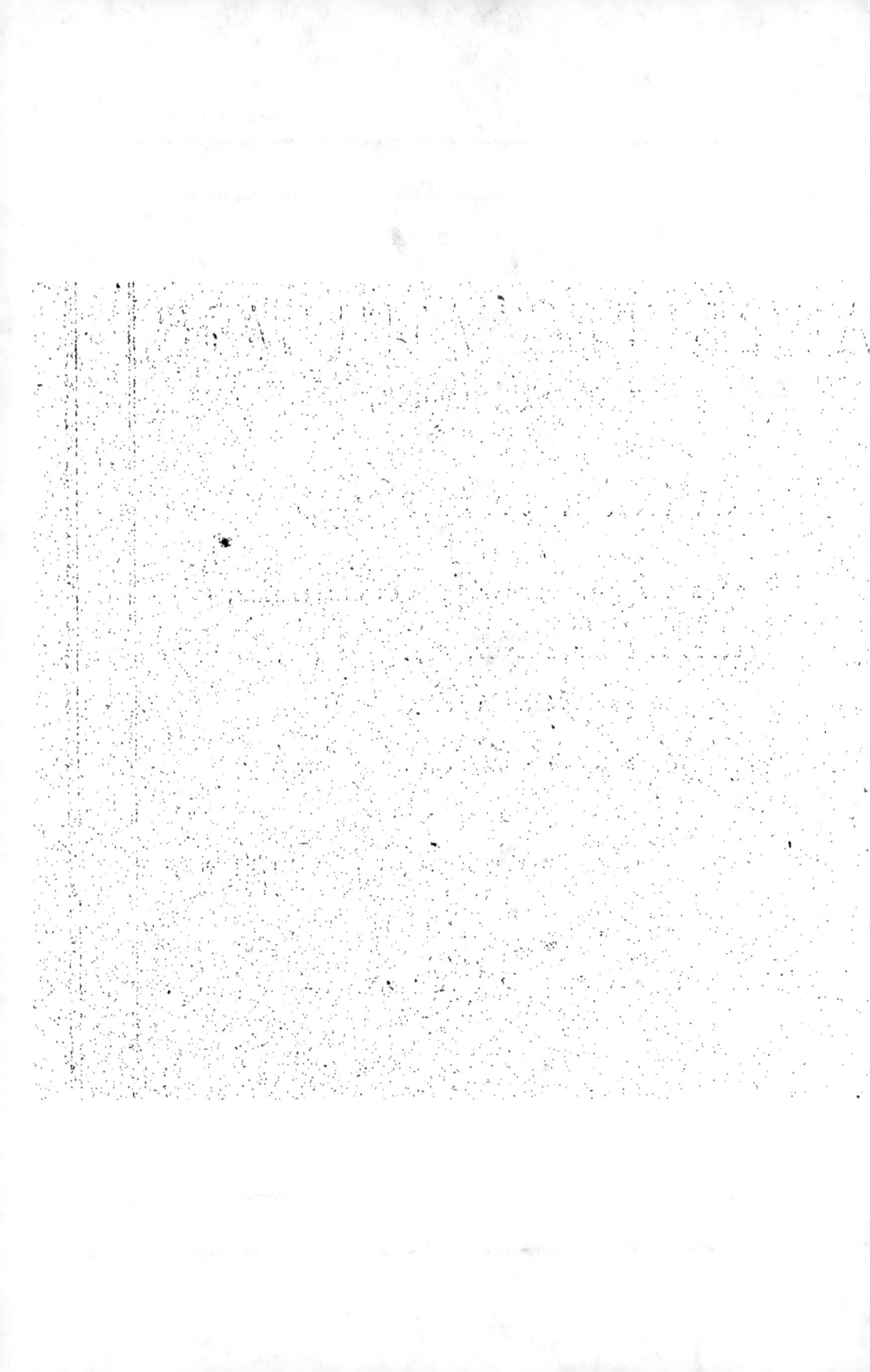

GALERIE

DES

ARTISTES ANGLAIS.

PARIS, IMPRIMERIE DE DECOURCHANT,
Rue d'Erfurth, n° 1, près de l'Abbaye.

GALERIE

DES ARTISTES ANGLAIS

DE L'ÉCOLE MODERNE.

L'Abbaye de Kelso,

PAR ROBERTS.

M. Roberts est un de ces hommes rares qui réunissent à la connaissance approfondie de l'art le talent de rendre les détails avec la plus grande exactitude. Dans ses ouvrages, l'une de ces précieuses qualités ne sert pas à suppléer à l'autre; elles concourent à un ensemble parfait. Il reproduit la grandeur et la magnificence des monumens d'architecture avec une précision qui ne laisse rien à désirer, mais en même temps avec un degré de goût et de sentiment qui leur ôte tout caractère de sécheresse. Ici, il a choisi l'aspect majestueux d'un monument des temps passés, curieux modèle pour ceux qui étudient l'architecture historique, et admirable à la fois par sa richesse, sa gravité et son effet pittoresque.

L'abbaye de Kelso, située dans le Roxburghshire, en Ecosse, est bien digne d'attirer l'attention par sa vénérable antiquité et la pureté de son architecture saxonne. Une portion très-considérable a résisté aux ravages du temps et aux dévastations de la guerre. Fondée, en 1128, par David Ier, roi d'Ecosse, elle fut bâtie en forme de croix grecque, et dédiée à la Vierge Marie et à saint Jean l'Evangéliste. Les priviléges et les possessions dont elle fut dotée étaient immenses. Le pieux prince David, avant de monter sur le trône, avait établi une communauté de moines de l'ordre appelé Tyrien, à Selkirck. Elle fut ensuite transportée à Roxburgh, et enfin à Kelso, où David fit bâtir pour elle cette

magnifique abbaye. La construction, dans le style saxon, en fut
confiée à des artistes qu'il fit venir de diverses contrées. Les moines tyriens s'appliquèrent avec succès, dit-on, à l'agriculture et
aux arts, et réunirent dans leur monastère des cultivateurs et des
artisans dont les travaux contribuèrent pour beaucoup à la richesse de cet établissement. Ce couvent comptait parmi ses abbés
plusieurs personnages de distinction, et entre autres, Jacques
Stuart, fils naturel de Jacques V.

Ce monument respectable a été en grande partie défiguré et
ruiné par les divers partis qui s'en sont emparés pendant les
guerres civiles et religieuses, surtout à l'époque de la réforma-
tion. Cependant une portion importante paraît avoir servi de
temple au culte protestant. Dans le dix-septième siècle, on l'a-
grandit et la répara pour en faire une église presbytérienne, et
ce fut l'église paroissiale jusqu'en 1771. A cette époque, le bruit
s'étant répandu, un jour, pendant l'office divin, que le bâtiment
menaçait de crouler, on ne s'en servit plus. La crainte s'empara
des esprits d'autant plus facilement, en cette circonstance,
qu'une prophétie traditionnelle de Thomas le poète annonçait
que l'abbaye tomberait lorsqu'elle serait pleine. Depuis ce temps,
le bâtiment fut abandonné jusqu'au dernier Guillaume, duc de
Roxburgh, qui fit abattre une portion de mur et une aile du
bâtiment d'un aspect désagréable, tous deux d'ailleurs de construction moderne. La démolition faite dans la suite de quelques
autres bâtisses du même genre dégagea entièrement les ailes,
ainsi que beaucoup de fenêtres et d'arcades du monument primitif. La tour centrale de l'abbaye avait dans l'origine 90 pieds
de haut. Elle n'en a plus maintenant que 70. Les arceaux sont
construits avec solidité et élégance, et ceux qui supportent la
lanterne sont vraiment magnifiques.

Plusieurs personnages éminens ont été enterrés à l'abbaye de
Kelso : on cite notamment le fils unique du roi David Ier. Les rois
d'Angleterre et d'Ecosse, Henri III et Alexandre III, eurent une
entrevue dans ce couvent, avec les reines leurs épouses, et ce fut
là aussi que le roi Jacques III fut couronné en 1460.

Le Mont-Saint-Michel.

PAR STANFIELD.

Voici un sujet dans lequel le pinceau vif et chaleureux de
M. Stanfield a pris ses joyeux ébats. Le premier plan, d'une couleur vigoureuse, se détache du fond par des ombres puissamment
opposées ; le lever de l'aurore répand un effet brillant et gai sur
un magnifique contour qui s'élève dans le lointain et semble se
confondre avec les teintes enchanteresses de l'atmosphère ; et le
tout, animé par des figures introduites avec art, lesquelles, bien
qu'accessoires à cette scène, contribuent à la caractériser, est couronné par un ciel nuageux, mais clair et plein de mouvement,
s'alliant avec la ligne sombre qui s'étend sur le niveau de la mer.

Le mont Saint-Michel est une masse de rochers de forme pyramidale, situé dans la baie à laquelle il donne son nom, sur la
côte méridionale du Cornouailles ; il se trouve vis-à-vis le bourg
de Marazion et y tient par une étroite route de cailloux, praticable
à la marée basse. D'anciennes traditions nous apprennent que ce
rocher fut jadis attaché au rivage et couvert de bois. Cette tradition ne mérite pas grand crédit, car le docteur Berger a prouvé
d'une manière satisfaisante que, d'après la position des lits de
pierres, la montagne ne pouvait s'être séparée de la terre ferme
que par suite d'un bouleversement extraordinaire, et cela bien
long-temps avant toute histoire et tradition. Une chapelle est
bâtie sur le sommet de la montagne : la hauteur, depuis le niveau
de la mer jusqu'à la plate-forme de la tour de cette chapelle, est
de 231 pieds. La circonférence de l'île est de plus d'un mille, et
sa superficie est en tout d'environ sept acres. A la base du rocher
s'étend une petite langue de terre sur laquelle on a établi une
jetée et un quai, et près de là est un village d'à peu près quatre-
vingts maisons occupées par des pêcheurs de sardines. Plusieurs
écrivains ont supposé, avec de grandes probabilités, que cette île
est celle appelée Ictis, mentionnée par Diodore de Sicile, « où l'on
transportait sur des chariots, par un isthme découvert seulement

à marée basse, l'étain que raffinaient et convertissaient en lingots de forme cubique les Bretons qui habitaient près du promontoire de Belerium. »

Un prieuré de Bénédictins, cédé dans la suite aux Gilbertins, fut fondé sur le mont Saint-Michel, avant l'an 1044. Edouard le Confesseur donna aux moines qui l'habitaient la montagne avec ses bâtimens et ses dépendances. En 1070, le pape Grégoire accorda une rémission de leurs péchés à toutes les personnes qui visiteraient le mont Saint-Michel et y feraient des offrandes et des aumônes. La bulle du pape fut retrouvée dans les archives du couvent vers l'an 1440, et les moines ayant pris soin de donner la plus grande publicité à cette découverte dans toutes les parties du royaume, on peut imaginer que le désir de profiter de cette indulgence dut attirer au mont Saint-Michel un grand concours de pélerins.

La possession de la montagne a été fréquemment un sujet de querelles dans les diverses guerres civiles qui ont ravagé l'Angleterre, et un grand nombre d'événemens remarquables se rattachent à son histoire. Perkin Warbeck, qui se fit passer pour Richard, le plus jeune des fils d'Henri IV, que l'on suppose avoir été assassiné dans la Tour, étant débarqué avec une troupe de ses partisans d'Irlande dans la baie de Whitesand en septembre 1498, fut reçu dans le château par les moines qui étaient dévoués à la maison d'Yorck. Il mit immédiatement les fortifications en état de défense, et bientôt, marchant avec toutes ses forces vers Bodmin, il laissa sa femme, lady Catherine Gordon, dans le couvent comme en lieu de sûreté. Elle y resta jusqu'après la fin malheureuse de cette entreprise. Le roi envoya lord Daubeney pour l'en faire sortir et l'amener en sa présence. On dit que ses malheurs ayant excité la pitié de ce prince, il lui accorda de quoi se soutenir honorablement jusqu'à la fin de ses jours.

A la Restauration, la montagne devint la propriété de la famille Saint-Aubin, qui l'acheta des Bassets. L'ancien monastère et les fortifications qui occupent le sommet du rocher forment la résidence de sir John Saint-Aubin, baronet, le propriétaire actuel.

Son père et lui ont fait de nombreux changemens aux constructions. La chapelle vient d'être rebâtie dans le style gothique. Sur
le sommet de la tour, à l'un des angles, sont les restes d'une
tourelle servant de phare, établie, suivant toute vraisemblance,
par les moines qui recevaient la dîme de la pêche, pour guider
les pêcheurs dans les temps sombres et orageux. On l'appelle
vulgairement la Chaire de Saint-Michel. Elle ne peut contenir
qu'une personne. Le chemin pour y arriver est périlleux ; mais
bien des personnes ont bravé ce danger, dans la folle idée que
quiconque, homme ou femme, s'assied sur cette pierre, sera
désormais le maître dans sa maison.

Le Château de Warwick,

PAR CATTERMOLE.

M. Cattermole a trouvé dans le château de Warwick un riche
sujet digne d'exercer son pinceau romantique : c'est l'emblème
de la sécurité féodale et de la force au repos. Ce qui l'environne
s'harmonise parfaitement avec le caractère du monument. Des
arbres incultes bordent une rivière, et leur cime est suspendue
sur ses eaux, dont le cours, brisé en cascades successives, se pré-
cipite à travers les lourdes murailles et les tours orgueilleuses, et
se perd dans les ombres épaisses du feuillage éloigné. Le jeu
brillant des lumières et des ombres est admirablement bien
ménagé et donne la vie aux ornemens ombragés de cette scène
pittoresque.

Le château de Warwick, dont une partie intéressante est représentée dans le tableau de M. Cattermole, est une des plus remarquables constructions de ce genre qui existent en Angleterre. Il
est situé près de la ville, sur la rive nord de l'Avon, et assis sur
un dur rocher à cent pieds environ au-dessus de la rivière, quoique le côté du nord soit de niveau avec la ville. On a une vue
charmante de la terrasse. Un pont de douze arches, maintenant

BIBLIOTHÈQUE ROYALE

2

en ruines, servait autrefois à communiquer avec le château, au pied des murs duquel la rivière, retenue dans son cours par une écluse en pierre, forme une cascade. L'aspect du bâtiment du côté de la rivière est irrégulier, mais d'un grand effet. Il s'élève sur le roc auquel il semble avoir été uni plutôt par la main de la nature que par celle des hommes. On ne sait pas précisément à quelle époque un château fut bâti en ce lieu, mais on suppose que c'est Ethelfleda, fille du roi Alfred, qui en jeta les fondations dans le dixième siècle. Guillaume le Conquérant, qui considéra ce château comme d'une grande importance, l'agrandit, le répara entièrement, et le mit sous la garde de Henri de Newbourg, à qui il donna le comté de Warwick. Pendant les guerres baroniales, il fut presque entièrement démoli par Gifford, gouverneur du château de Kenilworth; mais on le rétablit peu de temps après. Jacques Ier en fit don à sir Sulke-Greville, depuis lord Brooke, qui dépensa vingt mille livres sterling à le faire réparer. Pendant les guerres civiles sous Charles Ier, il reçut garnison pour le parlement, et fut assiégé par lord Northampton. Sous le règne de Charles II, Robert, comte de Brooke, embellit tous les bâtimens et fit mettre les appartemens en état.

Le château consiste en une série de murailles, de tours et autres constructions formant l'enceinte d'une grande cour de forme irrégulière. Son approche est disposée de manière à produire l'effet le plus frappant. Lorsque l'on a passé la porte du dehors, on suit un sentier tortueux et profond, creusé dans le roc, qui des deux côtés borne la vue et exerce l'imagination pendant une centaine de verges, que l'on parcourt avec une curiosité croissante. En avançant vers la fin de cette sorte de galerie, les antiques tours se montrent progressivement; et parvenu un peu plus loin, on les voit majestueuses, toutes rangées en ligne de bataille, portant un caractère de grandeur et de force inexprimable. A gauche est une tour nommée Tour de César, monument dont on ne connaît pas l'ancienneté, et qui cependant est encore dans le meilleur état. A droite est la tour appelée du nom du héros de la chronique du château, le redoutable géant Guy. Ses murs ont 10 pieds d'épaisseur et 128 pieds de hauteur. Elle fut bâtie par Thomas Beauchamp, comte de Warwick, à la fin du quatorzième siècle. L'entrée de la cour intérieure est flanquée de murailles revêtues de lierre, et au fond du large fossé qui l'environne, et qui est maintenant à sec, règne un sentier de gazon bordé d'arbrisseaux et d'arbres de haute futaie. Ce fossé est traversé par une arche en pierre qui était autrefois un pont-levis. L'entrée est pratiquée, entre deux tours, par un passage en labyrinthe qui double les difficultés pour pénétrer dans l'intérieur. La cour est ornée avec un soin remarquable : la terre est couverte d'un beau gazon bien entretenu. Autour sont des restes de fortifications élevées pendant les troubles politiques : elles présentent encore un ensemble parfait, et aucun des créneaux n'a été renversé par le temps.

L'intérieur de ce majestueux monument surpasse l'idée qu'en peut donner l'aspect de l'extérieur, car ces lourdes tours et ces remparts élevés ne rappellent que les siècles de barbarie où dominaient la force et l'orgueil grossier des barons féodaux ; mais si on ne s'est occupé au dehors qu'à réunir tous les moyens de fortifier le château et de le mettre sur un pied de défense formidable, l'art et le bon goût ont en même temps présidé à l'arrangement et à la décoration des salles qu'il renferme. Les appartemens s'étendent sur une ligne de 333 pieds et sont meublés à la fois avec simplicité et magnificence. On remarque des peintures originales, et une galerie contient un grand nombre d'armures curieuses, de vitraux peints et d'antiquités diverses.

Le parc du château est très-étendu. Des bois et des eaux, bien distribués, offrent les points de vue les plus pittoresques et les plus agréables. Les jardins et les endroits consacrés aux jeux sont arrangés avec goût. Un joli chemin sablé conduit à une serre spacieuse, dans laquelle on voit un grand vase, l'un des plus beaux monumens de l'antiquité qui existe en Angleterre ; il est de marbre blanc et de forme circulaire ; sa capacité est d'à peu près 160 gallons (environ 600 litres); il est supporté par un piédestal carré, sur lequel il tourne au moyen d'un pivot. Une

inscription latine indique que ce beau vase fut trouvé au fond
d'un lac aux environs de la villa Adriana, près Tivoli, à 12 ou
14 milles de Rome.

Le château de Warwick, ainsi que les curiosités qu'il renferme,
attirent un grand nombre de visiteurs.

L'Abbaye de Jedburgh,

PAR D. ROBERTS.

Ce magnifique monument est reproduit par l'artiste avec la
plus grande exactitude et dans tout son développement. Les
lumières et les ombres sont habilement disposées de manière à
ce que l'œil puisse en saisir à la fois les détails et l'ensemble.
L'idée de lourdeur attachée à l'objet qui occupe une si grande
place dans cette composition est détruite par la délicatesse magique et la couleur aérienne qui le domine. L'effet donné aux
autres parties du tableau est en parfaite harmonie avec le caractère élevé de l'édifice. Des montagnes boisées s'élèvent à l'horizon dans une atmosphère chaude et brillante. Un torrent de
lumière se répand sur le premier plan, et son éclat est relevé par
l'opposition d'ombres vigoureuses. Une riche et calme apparence
de midi règne sur le tout.

L'architecture de l'abbaye de Jedburgh offre un grand intérêt
comme modèle de la manière dont les Saxons faisaient les voûtes
de leurs monumens. Cette abbaye est située sur la rive droite de
la Jed, près du lieu où cette rivière unit ses eaux à celles du
Tiviot. Elle fut fondée par David Ier, dans le douzième siècle, pour
servir de résidence à des chanoines réguliers venus de Beauvais.
L'église, qui seule est restée intacte, sert au culte religieux; elle
a perdu beaucoup de son effet pittoresque par la lourdeur de l'architecture de ce qui est de construction moderne. La partie occidentale, maintenant en ruines, est surtout admirable. Les arches
au centre sont en ogive. Une porte de construction saxonne, et

richement ornée, sert d'entrée. L'édifice formait un carré : l'église était au nord, le cloître à l'est, et le réfectoire au sud. La partie située à l'ouest était employée aux divers services de l'abbaye. L'emplacement qui servait de cimetière forme maintenant le jardin du presbytère. On voit ces magnifiques ruines de la manière la plus avantageuse du rivage opposé de la Jed, sur les bords de laquelle le célèbre Thompson se livrait à ses rêveries poétiques, et dont les rives pittoresques sont dignes d'avoir inspiré un tel génie. Elles sont souvent élevées à pic, couvertes de broussailles ou de plantes sauvages, et quelques-uns des rochers qu'elles arrosent renferment de grandes cavernes.

Vue sur la rivière de Dorpt,

PAR S. AUSTIN.

Etude de rivière ou plutôt de pêche. L'identité de la localité est marquée par une tour que l'on voit au loin sur la terre ferme. Les bâtimens et les groupes qu'ils contiennent portent le caractère du pays et sont rendus avec fidélité. La transparence d'une eau claire et tranquille est bien exprimée, et sur tous les points chaque objet s'y réfléchit vivement.

La scène est prise près de Dorpt, qui fut autrefois une des plus fortes villes de Hollande et en est encore une des plus riches. Le bois de charpente est l'objet le plus important de son commerce. Il est amené en des trains immenses par le Rhin pour être exporté en Angleterre, en Espagne, en Portugal, ou préparé pour différens usages dans les moulins à scie qui bordent la ville. La vente d'un de ces trains dure pendant plusieurs mois, et produit souvent 350,000 florins (près de 750,000 francs).

BIBLIOTHÈQUE ROYALE

Velletri,

PAR P. ROBINS.

Chaque partie de ce tableau fait connaître le pays où la scène se passe. La fontaine antique lançant son eau par la bouche du Sphinx ; le large bassin de pierre qui reçoit le liquide ; les maisons dont les toits se prolongent sur la rue et qui sont dans un état voisin de la ruine, tout indique une ville d'Italie. Le jeune artiste n'a pas choisi le point de vue le plus riche ou qui pouvait présenter l'aspect le plus pittoresque, mais celui qui servait le mieux à caractériser le lieu dont il se proposait de donner une idée. Les costumes et les occupations des personnages servent à compléter la scène qu'il s'est proposé de retracer.

Velletri, au centre de l'Italie, à 20 milles au sud-est de Rome, sur la route de Naples, était, dans le temps des rois de Rome, une ville grande et bien bâtie. Elle est située sur le penchant du mont Artimizio, d'où les regards se promènent avec délices sur les campagnes environnantes. Cette ville fut prise par Ancus Martius, quatrième roi des Romains, et reprise par les Volsques sous le commandement de Coriolan. Les Romains s'en emparèrent de nouveau quelque temps après, et, en ayant chassé les habitans, ils y établirent une colonie. Résidence de la famille Octavienne, ce fut dans ses murs que naquit l'empereur Auguste. Quoique bien située, la ville de Velletri est irrégulière et mal bâtie. Les rues sont étroites et sales, et les maisons, pour la plupart, menacent ruine. Elle contient cependant quelques monumens dignes d'attention, tels que le palais Ginetti, remarquable par son élégante façade, et le palais Borgio, qui renferme une riche collection de peintures et d'antiquités. La Maison-de-ville est d'une belle construction ; plusieurs places sont décorées de fontaines, et l'on voit sur la principale de ces places la statue du pape Urbain VIII, par le célèbre Bernini.

Lauffenbourg,

PAR G. BALMER.

On voit, par cette composition, tout le parti qu'un habile artiste peut tirer de la vue d'un simple pont de bois et d'un groupe de bâtimens dont l'aspect semble n'être que médiocrement pittoresque, et combien les effets de lumière et de couleur, combinés avec adresse, donnent de charme et de variété à une scène qui, dépouillée de ces artifices de l'art, offrirait sans doute peu d'intérêt. A travers la première arche du pont, on aperçoit dans le lointain un paysage où l'œil se promène avec autant de délices qu'il s'arrête sur toutes les parties du premier plan. Les figures qui sont sur ce pont, et la statue colossale de saint Pierre, qui occupe le sommet d'une de ses piles, se détachent sur un ciel clair, quoique nuageux, et rompent la ligne des balustrades qui servent de parapets. Sur le devant, cette scène est animée par un groupe de pêcheurs, et un rocher divise le cours du fleuve, dont les eaux se précipitent en cascades et viennent se perdre dans le cadre du tableau. Cette œuvre de M. Balmer est remarquable par une manière large et vigoureuse.

Lauffenbourg est une petite ville sur le Rhin, située à moitié chemin de Hauenstein à Seckingen en Suisse, à 2 lieues environ de chacune, et à 4, à l'ouest, de Waldshut, l'une des quatre villes où la Forêt-Noire commence. Le fleuve la divise en deux parties qui communiquent l'une à l'autre par un pont de bois dont la gravure présente ici une vue fort exacte. Trois cents pas au-dessus du pont, le fleuve roule sur de larges masses de rochers, et, à l'approche du pont, resserré de plus en plus par les rocs qui s'élèvent sur chaque rive, il s'élance avec impétuosité, surmontant tous les obstacles.

Entre Lauffenbourg et Waldshut coule la petite rivière d'Albe, qui se jette dans le Rhin, et sur laquelle est bâtie la forge d'Albrug, appartenant autrefois à l'abbaye de Saint-Blaise. La vallée arrosée par cette rivière présente des sites très-pittoresques. On a découvert dans les environs des murailles de construction romaine.

Abbeville,

PAR D. ROBERTS.

Les maisons placées sur le premier plan de ce tableau présentent ce caractère particulier aux habitations que renferment les villes entourées de murailles. Les étages empilés les uns sur les autres comme les rayons d'une ruche, et divisés en une multitude d'appartemens habités jusque dans les combles, montrent quelle est la valeur du terrain dans les enceintes circonscrites. D'anciens ornemens qui tombent en ruine témoignent de la splendeur passée de cette cité, jadis la résidence d'une opulente aristocratie. Derrière les maisons s'élève l'église de Saint-Wulfrand, d'une architecture gothique à la fois riche et de bon goût.

Abbeville doit son origine à une maison de campagne de l'abbé Saint-Riquier. Hugues-Capet, trouvant cette position avantageuse, chassa l'abbé et ses moines, s'en empara, la fortifia, et donna le commandement de la place à son gendre avec le titre de comte. C'est, après Amiens, la ville la plus importante de la Picardie. Elle est située dans une vallée agréable et fertile, arrosée par les diverses branches de la Somme, qui traverse la ville et la divise en deux parties. Elle contient, avec ses faubourgs, environ 30,000 habitans. Beaucoup de maisons sont bâties en bois, d'autres en briques et en pierre, et généralement de formes très-irrégulières. Abbeville est en quelque sorte fortifiée, et fut dans un temps le siége d'une cour provinciale et de tribunaux inférieurs. Elle renfermait un séminaire, une abbaye de moines, une commanderie de l'ordre de Saint-Jean de Jérusalem, un collége et une bibliothèque publique. Aujourd'hui c'est un chef-lieu d'arrondissement, et il y a un tribunal de première instance, un tribunal de commerce, deux justices de paix et un collége communal.

Le plus beau monument de la ville est l'Hospice des enfans trouvés. On voit sa façade du rempart, qui sert de promenade, et est planté de trois avenues d'arbres. Une autre promenade en forme de quai s'étend sur la rive droite de la Somme; il y a une fontaine d'eaux minérales, et à une courte distance, des bains publics. La rivière est assez forte et assez profonde pour porter des bateaux lourdement chargés, et des bâtimens de 80 à 100 tonneaux remontent facilement jusqu'à la ville. La Somme a sur ses bords de nombreux établissemens industriels. Les plus importans sont des filatures de coton, des manufactures de toiles, de velours, de draps; de toiles à voiles, de cordages, de savon, de colle-forte, etc. La célèbre manufacture de draps fins y fut établie en 1665 par un Hollandais nommé Van Robais, à qui Louis XIV accorda de grands priviléges. Outre l'exportation des objets de ses fabriques, Abbeville fait un commerce assez considérable de grains, de lin, de chanvre, de graines oléagineuses, colzas, navettes, etc., que le pays environnant produit en grande quantité.

Le Soir,

PAR THOMAS H. SHEPHERD.

Cette composition rappelle à la fois la manière brillante de Claude Lorrain, et le style et la majesté qui caractérisent celle du Poussin. On peut croire que cette vue est prise en Italie, et l'on est confirmé dans cette opinion par l'aspect de cette masse de ruines, restes d'un monument de l'antiquité. Une rivière que le peintre a fait serpenter en longs détours sert habilement à marquer le lointain, et la lumière affaiblie d'un soleil couchant, caché par une masse de feuillages, vient se projeter avec art sur les principales parties du tableau. Un groupe de personnages qui paraissent jouir du calme d'une belle soirée, anime cette scène. Leur costume et les armes posées sur le gazon donnent lieu de penser que ce sont des brigands. Dans un paysage italien il con-

4

venait de représenter une scène qui rappelât les récits que l'on fait des goûts et des habitudes de ces bandits, auxquels une teinte de sentiment et de romanesque prête un certain intérêt, malgré l'horreur qu'inspire leur odieuse profession.

Le Château de Kenilworth,

PAR J. NASH.

Le peintre offre à nos yeux, dans cette charmante composition, la scène décrite par notre grand romancier. Elle présente un groupe composé de la belle Amy Robsart, de sa femme de chambre Jeannette, fille du vieux Foster, et de Wayland, le faux colporteur qui étale aux yeux de la jeune femme les marchandises qu'il tire d'un coffre. La scène se passe devant le pavillon de Cumnor-Place. La pose de ces trois personnages est bien en harmonie avec le caractère que Walter Scott a tracé de chacun d'eux. L'espèce d'indifférence avec laquelle l'épouse secrète de Leicester examine ces trésors, donne l'idée de l'attention forcée d'une personne qui cherche un refuge contre l'ennui dans la nouveauté, et qui n'a en vue que de tuer le temps. La suivante, dont le vêtement simple et la coiffure puritaine contrastent avec l'éclat de la soie et des joyaux qui parent sa maîtresse, regarde à une certaine distance les futilités répandues avec une agréable confusion autour de la malle du marchand, et relève la gravité de cette scène.

L'architecture de l'époque des Tudors est très-bien rendue. Les gros ornemens en forme de globes, de pyramides, de polygones diamantés; les cartouches irréguliers supportés par des mascarons, le déploiement de toutes les richesses de cet ordre d'architecture appelé grec-italien; l'entrée imposante de la maison par un riche escalier, un rang de cheminées brodées; les pignons et les fenêtres cintrées de la partie la plus éloignée de la maison; tout contribue à rappeler l'état des arts à cette époque, et présente l'aspect d'un château féodal, tel qu'étaient ceux où les riches seigneurs vivaient dans l'isolement et le repos.

Bruges,

PAR BONNINGTON.

Bonnington! ce nom peut-il être prononcé sans émotion par ceux qui savent apprécier le génie! Quel talent! quel sentiment de grandeur et de beauté! quelle conception pure et facile! Une mort prématurée a tout anéanti!

La vue de Bruges que présente le dessin de ce célèbre artiste, d'après lequel a été faite la gravure que nous donnons ici, a été choisie avec goût, et présente de l'intérêt et de la variété. On peut, d'après cette vue, se faire une idée de l'état actuel de cette ancienne et puissante ville. Les monumens et les maisons qui sont dans le fond ont un caractère de grandeur et de magnificence. Les bâtimens sur le côté, pressés les uns contre les autres, sont chargés d'ornemens des XVIe et XVIIe siècles, et ceux sur le devant présentent cette architecture moitié gothique qui domine dans certaines parties du continent. Une magnifique tour, qui s'élève avec majesté au-dessus des autres édifices, couronne cette composition. On remarque, dans cette œuvre de Bonnington, une grande correction de perspective aérienne et linéaire, un effet brillant et animé; les figures qui occupent le premier plan sont bien groupées, pleines de vie et de mouvement, et l'exactitude du costume fait connaître de prime-abord le pays où la scène se passe. Bruges est une des plus importantes cités des Pays-Bas; elle est située au milieu d'une vaste et belle plaine, à six milles de la mer; quoiqu'il n'y ait pas de rivière près de cette place, elle est coupée par un grand nombre de canaux. Le commerce et les manufactures de Bruges étaient autrefois dans un état beaucoup plus florissant qu'à présent; dans le XIVe siècle, époque de sa plus grande prospérité commerciale, elle formait une branche de la république anséatique, et faisait un commerce considérable avec l'Angleterre, Venise et les autres pays étrangers. La Bourse, que l'on croit être un des plus anciens monumens construits pour cette destination en Europe, est d'une fort belle architecture; il y a une chambre de commerce, une grande compagnie d'assurance, une école de navigation et un grand chantier de construction. La population est de cinquante mille âmes ; les rues sont en général larges et bien alignées, et les maisons grandes, mais vieilles. Les principaux monumens sont : la Maison-de-Ville, la Bourse, le Lycée (anciennement le fameux couvent de Dunes), et l'église de Notre-Dame, avec sa flèche élevée. Cette ville a été long-temps la résidence de religieuses anglaises. Forcées de s'expatrier à l'époque de la réforme, elles étaient venues s'établir à Bruges, où elles étaient assurées de trouver un asile ; mais lorsque la religion catholique fut tolérée en Angleterre, elles revinrent à leur première résidence : on leur permit, à titre d'institutrices, de rester dans le pays et d'y conserver leurs biens. Ce fut dans Bruges que le duc de Bourgogne, Philippe le Bon, fonda l'Ordre de la Toison-d'Or en 1430, et ce fut aussi dans ses murs que naquit le célèbre Jean de Bruges, l'inventeur de la peinture à l'huile.

Moulin à eau

DANS LE WESTMORELAND,

PAR G. CATTERMOLE.

Les moulins à eau en général, et particulièrement un vieux moulin, sont essentiellement pittoresques ; il est bien de perpétuer le souvenir de ces anciens monumens tournans. La grossière et massive architecture d'une de ces usines, située dans le Westmoreland, la chute d'eau bouillonnante, la vigueur d'une végétation entretenue par les eaux, l'air de santé des habitans, tel est le sujet choisi par M. Cattermole. Les bâtimens grossièrement construits avec des materiaux hétérogènes, le moteur, la roue, avec ses arêtes couvertes de moisissure, d'où égouttent des lignes d'eau brillantes comme de l'argent, tout présente un effet pittoresque.

L'effet de ce tableau est très-harmonieux : le mouvement rapide de l'eau, l'écume qu'elle produit en se précipitant, sont rendus avec vérité. Les détails du feuillage et de la verdure sont riches et exempts de petitesse ; les vêtemens des personnages que l'on remarque sur le premier plan attestent une certaine aisance, telle que celle dont jouissent ordinairement ceux qui exercent l'utile et lucrative profession de meunier dans un village retiré.

Eglise de Saint-Laurent,

A ROTTERDAM,

PAR G. BALMER.

Une lumière de la plus vive clarté vient ici se briser sur les énormes flocons de nuages dont l'atmosphère est chargée, et donne un caractère de romantisme à cette masse imposante de bâtimens qui occupe le rang principal dans cette composition, laquelle, sans cet artifice, serait peut-être d'un effet monotone. Le tableau est encore plus animé par le brillant des objets du premier plan qui sont entièrement exposés à la lumière et se détachent hardiment sur les teintes sombres du côté opposé de l'église.

Rotterdam est une des plus belles villes de Hollande, et contient divers beaux édifices publics ; entre autres on distingue la grande église de Saint-Laurent (représentée dans cette gravure), avec sa haute tour gothique, du sommet de laquelle on aperçoit La Haye au nord-ouest, Leyden au nord, et Dorpt au sud-est. A l'intérieur, une magnifique balustrade de bronze la traverse dans l'extrémité la plus élevée ; et la profusion des ornemens qui couvrent ses murs jusqu'à la voûte attirent particulièrement la curiosité des voyageurs.

On voit gravées sur les tombes des personnages enterrés dans

5

cette église, la date de leur naissance, de leur mort et leurs armoiries, mais il n'y est fait nulle mention de leurs noms. Il y a une horloge qui limite la durée du sermon du prédicateur.

Vue de la côte d'Yarmouth,

PAR J. S. COTMAN.

Les élémens de cette composition sont fort simples, et cependant le résultat de leur combinaison est d'un grand intérêt. Le jour commence, et les vaisseaux chargés coulent près de la terre sur une eau tranquille et unie. Leurs voiles et leurs cordages sont bien dessinés, et s'étendent au milieu de la splendeur du ciel. L'effet de la lumière, qui ne fait que paraître et commence à surmonter la brume qui enveloppait tout cet espace, il n'y a qu'un instant, est parfaitement rendu. On aperçoit sur un promontoire assez rapproché une lanterne qui sert de phare ; le calme plat est indiqué par ces longues lignes d'une lumière égale qui plongent dans l'onde transparente. Les jolies mouettes, qui planent dans les airs ou rasent l'eau de leurs ailes, donnent de la vie et du brillant à cette scène pleine de vérité.

L'Abbaye de Melrose,

PAR D. ROBERTS.

Voici une des plus célèbres et des plus belles ruines des monumens religieux de l'Ecosse. Située dans une vallée romantique, d'une architecture riche, chantée par le poète, décrite par le voyageur, le thème de l'archéologue, les délices de l'antiquaire, on ne peut concevoir un sujet plus digne d'exercer un habile pinceau que l'abbaye de Melrose, et M. Robèrts y a puisé les plus heureuses inspirations. Vu d'une élévation considérable, l'auguste et massif monument paraît comme placé sur un trône au milieu des hautes montagnes qui l'environnent : une ombre épaisse, répandue sur les montagnes du fond et sur la tour majestueuse, leur imprime un ton ferme et sombre, sans toutefois les masquer ; tandis que là partie orientale de l'édifice, ses fenêtres brodées, ses châsses délicates et ses compartimens feuillagés, l'éclat qui brille sur le bas du premier plan donnent de l'éloignement et de l'harmonie au sombre Glen sous la voûte de feuillage duquel passe la route, la masse immobile des arbres, les teintes éloignées des montagnes, ce rocher et cette tour qui s'élèvent brillans, dans le lointain au milieu d'un ciel sombre et couvert, produisent un effet magique : les esprits de ceux qui jadis habitèrent ces lieux semblent y errer encore et répandre sur cette scène un caractère mélancolique

La belle description que Walter-Scott a faite de ce monument dans le *Lai du dernier Ménestrel* est bien faite pour exciter la curiosité des voyageurs, et on va le visiter d'autant plus volontiers qu'il se trouve près d'Abbotsford, la résidence du célèbre romancier.

L'abbaye de Melrose, située près de la ville de ce nom sur la rive méridionale de la Tweed, fut bâtie par David Ier, et dédiée à la vierge Marie : ce prince la dota de grands priviléges et de revenus considérables. Elle a été construite en forme de croix de saint Jean et sur de grandes dimensions. Les niches, les piliers, les piédestaux, les pavillons sont d'un travail exquis et couverts de figures admirablement sculptées. L'abbaye avait des dépendances consistant en de beaux édifices et de vastes jardins ; le tout était environné d'un mur élevé qui avait plus d'un mille de circonférence.

New-Abbey Kircudbrightshire,

PAR D. ROBERTS.

Ce monument présente un parfait modèle de l'ogive du contour le plus pur et le plus simple ; il n'est point surchargé d'ornemens d'architecture, mais son aspect est magnifique et imposant. L'artiste a judicieusement fait venir par le côté gauche la lumière qui frappe sur les colonnes du côté opposé, en fait briller le travail et les formes admirables, et par une habile gradation il a marqué l'étendue de la vue que termine la porte occidentale. Le lierre se roule en nombreuses guirlandes autour des ogives et des colonnes, et décore sans les cacher ces vénérables restes des temps passés.

Cette célèbre abbaye, située à environ sept milles au sud de Dumfries, fut fondée par Devorgilla, fille d'Allan, lord de Galloway, et mère de Jean Baliol, roi d'Écosse; elle fut d'abord nommée l'abbaye de *Sweet-Heart* (cœur embaumé), parce que le cœur de l'époux de Devorgilla, embaumé et enfermé dans une boîte d'argent et d'ivoire, y avait été déposé; mais ce nom fut ensuite changé en celui de *New-Abbey* (Nouvelle-Abbaye). Le monument est situé au milieu d'un emplacement uni de trente acres de circonférence, entouré par un mur élevé.

La baie de Naples.

La baie de Naples est, au dire des voyageurs, d'une beauté et d'une richesse dont aucune scène ne peut approcher. Le gracieux contour du rivage; la multitude de constructions, la plupart d'une architecture élégante, qui s'étendent sur le rivage; la terre qui s'élève en amphithéâtre; au-delà de la ville, une brillante végétation, le magnifique contour des montagnes qui l'environnent, tout semble réuni pour embellir ce site favorisé. L'artiste a employé habilement les élémens d'une belle composition qui se présentait à lui. D'un chemin qui serpente sur la crête d'une colline, plantée d'arbres, l'œil plane sur la ville, la baie et la tranquille Méditerranée au soir d'un jour brûlant où l'atmosphère est dans ce calme si ordinaire sous cet heureux climat. Le ciel, ardent, est pommelé de légers nuages éclairés par de

Galerie

DES

ARTISTES ANGLAIS.

IMPRIMERIE ET FONDERIE EN CARACTÈRES DE A. PINARD,

QUAI VOLTAIRE, 15, A PARIS.

GALERIE

DES

ARTISTES ANGLAIS

DE L'ÉCOLE MODERNE,

OÙ

Collection de Gravures

D'APRÈS

TURNER, STANFIELD, ROBERTS, BONINGTON, HARDING, PROUT, CLENNEL, CATTERMOLE, COX, COPLEY FIELDING, DEWINT, AUSTIN, ET AUTRES;

EXÉCUTÉES SUR ACIER,

Par les plus habiles Artistes de Londres;

Avec Texte

Contenant l'explication des sujets, et des notes historiques et critiques.

Première Série.

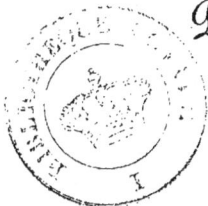

A PARIS,

CHEZ DESENNE, LIBRAIRE,

RUE HAUTEFEUILLE, N° 10.

—

M DCCC XXXV.

Galerie

DES

ARTISTES ANGLAIS

DE L'ÉCOLE MODERNE,

ou

Collection de Gravures

d'après

TURNER, STANFIELD, ROBERTS, BONINGTON, HARDING, PROUT, CLENNEL, CATTERMOLE, COX,

COPLEY FIELDING, DEWINT, AUSTIN, ET AUTRES.

Par les plus habiles Artistes de Londres;

Avec l'explication des sujets,

Et des Notices historiques et critiques sur les principaux Artistes de la Grande-Bretagne.

———————

PARIS,

CHEZ DESENNE, LIBRAIRE,

RUE HAUTEFEUILLE, N° 10.

M DCCC XXXVI

L'ABBAYE DE KELSO,

PAR ROBERTS.

Une connaissance approfondie de l'art qu'il cultive, du goût, du sentiment et un talent admirable d'exécution, placent M. Roberts au rang des premiers peintres que possède l'Angleterre. Les vues de monumens d'architecture gothique sont les sujets qui semblent obtenir sa prédilection. Dans ses compositions habilement ordonnées et toujours animées par une couleur harmonieuse et un effet brillant, non seulement il présente ces édifices sous leur aspect le plus pittoresque, mais il en reproduit tous les détails avec une scrupuleuse fidélité. Celui qu'il a choisi pour sujet de la première gravure de la Galerie des Artistes Modernes, est un curieux modèle de l'architecture saxonne, et en voyant cette gravure, on peut à la fois apprécier le talent du peintre et se faire une idée exacte de cette œuvre d'un artiste du douzième siècle, dans l'état où l'ont réduite les dévastations de la guerre et du temps.

L'abbaye de Kelso, située dans le Roxburghshire, en Ecosse, fut fondée par David Ier, sous l'invocation de la Vierge Marie et de saint Jean l'Evangéliste, en 1128, pour recevoir une communauté de moines de l'ordre appelé Tyronien, que ce prince avait établi à Selkirck avant de monter sur le trône, et qu'il dota de priviléges considérables et d'immenses possessions. A la différence de la plupart des autres moines, auxquels ce pieux monarque prodigua tant de largesses, et qui, retirés dans leurs cloîtres, s'adonnaient à la culture des lettres, ou vivaient dans une sainte oisiveté, ceux-ci s'appliquèrent, dit-on, à l'agriculture et à l'industrie, et réunirent dans leur monastère des artisans en tous genres, dont les travaux, habilement conduits par eux, contribuèrent à accroître encore les richesses de cet établissement. Cet état de prospérité devait naturellement fixer l'attention de ceux qui, en renonçant aux vanités de ce monde, avaient le soin prudent de choisir une retraite en rapport avec leur position sociale: aussi ce couvent comptait-il parmi ses abbés plusieurs personnages de haute distinction, et entre autres Jacques Stuart, fils naturel de Jacques V.

Ce monument, en forme de croix grecque, fut bâti dans le style saxon : la construction en avait été confiée à des artistes que le roi David avait fait venir exprès de diverses contrées. On peut encore, par ce qui en reste debout, se faire une idée de la grandeur et de la magnificence qu'il présentait dans son ensemble, ainsi que de la richesse des ornemens d'architecture qui le décoraient. On admire la solidité et l'élégance des arceaux, et la hardiesse de la voûte en ogive qui supporte la tour. Mais cette tour, qui jadis avait 90 pieds, n'en a plus maintenant que 70, et de toutes parts on remarque les traces des ravages du temps, comme des dévastations des guerres civiles et religieuses qui désolèrent si long-temps ces contrées. Une portion assez importante de l'édifice fut affectée, dans le dix-septième siècle, au service du culte protestant, et convertie en une église presbytérienne : ce fut l'église paroissiale jusqu'en 1771. Mais à cette époque, le bruit s'étant répandu, un jour pendant l'office divin, que le bâtiment menaçait ruine, on cessa de s'en servir. La crainte s'empara des esprits d'autant plus facilement en cette circonstance, que, d'après une tradition de Thomas le Poète, l'abbaye devait s'écrouler au moment même où elle serait pleine de monde. Depuis ce temps, elle est restée abandonnée. Le dernier Guillaume, duc de Roxburgh, fit abattre diverses constructions modernes qui masquaient ce monument, et le dégagea de bâtisses et de raccords de mauvais goût qui le défiguraient : en sorte que l'œil peut actuellement contempler ces vénérables restes d'un chef-d'œuvre d'architecture saxonne, sans être offusqué par la vue de misérables replâtrages, et s'ils ne lui offrent plus que des ruines, l'imagination du moins a le champ libre pour se figurer l'aspect de l'édifice dans son état primitif.

Le fils unique du roi David Ier, et plusieurs autres personnages d'un rang éminent, ont été enterrés à l'abbaye de Kelso. Les rois d'Angleterre et d'Ecosse, Henri III et Alexandre III, eurent une entrevue dans ce couvent avec les reines leurs épouses; et ce fut aussi là que le roi Jacques III fut couronné en 1460.

LE MONT-SAINT-MICHEL,

PAR D. STANFIELD.

M. Stanfield, comme M. Roberts, a débuté dans les arts par la peinture des décors. Il exécutait ceux du théâtre de Drury-Lane dans le même temps où M. Roberts était attaché à celui de Covent-Garden. On pourrait croire qu'il s'est établi une émulation entre ces deux artistes, car, après avoir lutté de talent dans le genre où ils se sont d'abord exercés, dès que l'un a eu abandonné ce genre, l'autre l'a suivi dans la nouvelle carrière où il entrait. Mais comme le talent de chacun d'eux a un caractère particulier, l'admiration du public se partage suivant les goûts, et l'on ne peut dire lequel des deux l'emporte sur son rival. La manière de M. Stanfield décèle une grande facilité et une entente parfaite des ressources de son art : sa touche est vive et légère, et, à l'aspect brillant, à la couleur séduisante de ses aquarelles, on peut juger que le pinceau était tenu d'une main sûre, et que l'artiste n'éprouvait aucune hésitation.

Le mont Saint-Michel est une masse de rochers, de forme pyramidale. Situé dans la baie à laquelle il donne son nom, sur la côte méridionale du Cornouailles, il se trouve vis-à-vis du bourg de Maraizon, et y tient par une étroite route de cailloux, praticable à marée basse. Une chapelle est bâtie sur le sommet, et la hauteur, depuis le niveau de la mer jusqu'à la plate-forme de la tour de cette chapelle, est de 230 pieds. La circonférence de l'île est de plus d'un mille. A la base du rocher s'étend une petite langue de terre sur laquelle on a établi une jetée et un quai, et près de là est un village d'à-peu-près quatre-vingts maisons, occupées par des pêcheurs de sardines. Pusieurs écrivains ont supposé que cette île est celle dont il est fait mention par Diodore de Sicile, sous le nom d'Ictis, et où l'on transportait sur des chariots, par un isthme découvert seulement à marée basse, l'étain que raffinaient les Bretons qui habitaient près du promontoire de Belerium.

Un prieuré de Bénédictins, cédé dans la suite aux Gilbertins, fut fondé sur le mont Saint-Michel, vers l'an 1044, et Edouard le Confesseur donna aux moines la montagne avec les bâtimens et dépendances. En 1070, le pape Grégoire accorda la rémission de leurs péchés à toutes les personnes qui visiteraient le couvent et y feraient des offrandes. La bulle du pape fut retrouvée dans les archives du couvent, vers l'an 1440, et les moines ayant pris grand soin de donner à cette importante découverte toute la publicité possible, le désir de profiter des indulgences fit affluer au mont Saint-Michel un immense concours de pélerins de toutes les parties du royaume.

Dans les diverses guerres civiles qui ont ravagé l'Angleterre, les partis se sont fréquemment disputé la possession de ce rocher. Perkin Warbeck, qui se fit passer pour Richard, le plus jeune des fils d'Henri IV, étant débarqué avec une troupe de ses partisans d'Irlande dans la baie de Whitesand, en septembre 1498, fut reçu dans le couvent par les moines, qui étaient dévoués à la maison d'York. Il y laissa sa femme, lady Catherine Gordon, pour marcher avec toutes ses forces vers Bodmin. Elle y resta jusqu'à la fin malheureuse de cette entreprise.

A la restauration, le mont Saint-Michel devint la propriété de la famille Saint-Aubin. L'ancien monastère et les fortifications qui occupent le sommet du rocher, forment la résidence de sir John Saint-Aubin, baronet, le propriétaire actuel. Son père et lui ont fait de nombreux changemens aux constructions. La chapelle vient d'être rebâtie dans le style gothique. Sur le sommet de la tour, à l'un des angles, sont les restes d'une tourelle servant de phare, établie, suivant toute vraisemblance, par les moines qui recevaient la dîme de la pêche, pour guider les pêcheurs dans les temps sombres et orageux. On l'appelle vulgairement la Chaire de Saint-Michel. Elle ne peut contenir qu'une personne, et le chemin pour y arriver est périlleux; mais beaucoup de gens bravent ce danger, dans la folle idée que quiconque, homme ou femme, s'assied sur cette pierre, sera désormais le maître dans sa maison.

LE
CHATEAU DE WARWICK,

PAR CATTERMOLE.

Les charmantes gravures faites d'après les dessins de M. Cattermole sur des sujets tirés de Walter Scott, et que l'on a recueillies et publiées avec un texte en français, sous le titre de *Walter Scott et les Ecossais*, suffisent pour faire connaître la souplesse du talent de cet artiste. Paysages, monumens, intérieurs, figures, tout est traité avec une égale supériorité, et l'on ne sait, en le voyant s'exercer avec tant de succès dans tous les genres, pour lequel M. Cattermole a une vocation plus déterminée. Son pinceau se plaît surtout à tracer des scènes du moyen âge, et il anime toujours ses compositions par une action qui rappelle les mœurs de ces anciens temps. Le soin avec lequel il rend les détails multipliés que présentent les monumens de cette époque, indique que cet artiste a des connaissances en architecture : et en effet M. Cattermole était architecte avant de s'appliquer à la peinture. Cette circonstance donne lieu de s'étonner de trouver dans ses dessins cette exécution facile, cette vigueur d'effet et de couleur qui les distingue.

Le château de Warwick est situé près de la ville de ce nom, sur les bords de l'Avon. Un rocher de cent pieds d'élévation au dessus de la rivière, lui sert de base; mais du côté du nord il est de niveau avec la ville. On ne sait pas précisément à quelle époque il fut bâti; mais on suppose que c'est Ethelfleda, fille du roi Alfred, qui en jeta les fondations dans le dixième siècle. Guillaume le Conquérant l'agrandit, le répara entièrement, et le mit sous la garde de Henri de Newbourg, à qui il donna le comté de Warwick. Pendant les guerres baroniales, il fut presque entièrement démoli par Gifford, gouverneur du château de Kenilworth; mais on le rétablit peu de temps après. Jacques 1er en fit don à sir Sulke-Greville, depuis lord Brooke, qui dépensa vingt mille livres sterling à le faire réparer. Pendant les guerres civiles sous Charles 1er, il reçut garnison pour le parlement, et fut assiégé par lord Northampton. Sous le règne de Charles II, Robert, comte de Brooke, y fit des embellissemens considérables, et orna les appartemens.

Le château consiste en une suite de murailles, de tours et autres constructions formant l'enceinte d'une grande cour de forme irrégulière. Son approche est disposée de manière à exciter successivement la curiosité et la surprise. Après avoir passé la porte du dehors, on suit un sentier tortueux et profond, creusé dans le roc, qui des deux côtés borne la vue. Ce n'est que lorsque l'on est parvenu vers la fin de cette sorte de galerie, longue d'une centaine de verges, que l'on commence à apercevoir le haut des tours : bientôt elles se développent dans toute leur grandeur, présentant un aspect formidable. Deux de ces tours attirent surtout l'attention : l'une, appelée Tour de César, est un monument dont on ne connaît pas l'ancienneté ; l'autre porte le nom du héros de la chronique du château, le redoutable géant Guy. Ses murs ont 10 pieds d'épaisseur et 128 pieds de hauteur. Elle fut bâtie par Thomas Beauchamp, comte de Warwick, à la fin du quatorzième siècle. L'entrée de la cour est pratiquée, entre deux tours, par un passage en labyrinthe qui double les difficultés pour pénétrer dans l'intérieur. Cette cour est couverte d'un beau gazon entretenu avec le plus grand soin, et au fond du large fossé qui environne les murs, règne un joli sentier bordé d'arbrisseaux et d'arbres de haute futaie.

Cette transformation en un jardin agréable d'un fossé jadis plein d'une eau fangeuse, et qui fut creusé pour opposer un obstacle à l'accès du château, indique l'immense changement qui s'est opéré dans les mœurs, et tandis que ces lourdes tours et ces remparts élevés rappellent les siècles de barbarie où dominaient la force et l'orgueil grossier des barons féodaux, les appartemens présentent de toutes parts, à l'intérieur, les recherches de la civilisation la plus avancée. L'art et le bon goût ont présidé à l'arrangement et à la décoration des salles, qui se succèdent sur une ligne de plus de 300 pieds, et sont meublées avec magnificence. Une galerie est affectée à un musée de tableaux de maîtres, d'armures curieuses, de vitraux peints et d'antiquités diverses.

Le parc du château est très étendu, et offre les points de vue les plus pittoresques et les plus agréables. On remarque dans une serre spacieuse un grand vase de marbre blanc, l'un des plus beaux monumens de l'antiquité qui existent en Angleterre. Une inscription latine indique qu'il fut trouvé au fond d'un lac aux environs de la villa Adriana, près de Tivoli.

Le château de Warwick, ainsi que les curiosités qu'il renferme, attire un grand nombre de visiteurs.

L'ABBAYE DE JEDBURGH,

PAR D. ROBERTS.

Ce magnifique monument est reproduit par l'artiste avec la plus grande exactitude et dans tout son développement. Les lumières et les ombres sont habilement disposées de manière à ce que l'œil puisse en saisir à la fois les détails et l'ensemble. L'idée de lourdeur attachée à l'objet qui occupe une si grande place dans cette composition, est détruite par la délicatesse magique et la couleur aérienne qui le dominent. L'effet donné aux autres parties du tableau est en parfaite harmonie avec le caractère élevé de l'édifice. Des montagnes boisées s'élèvent à l'horizon dans une atmosphère chaude et brillante. Un torrent de lumière se répand sur le premier plan, et son éclat est relevé par l'opposition d'ombres vigoureuses.

L'abbaye de Jedburgh est citée comme un des plus beaux monumens de l'architecture saxonne. Située sur la rive droite de la Jed, près du lieu où cette rivière unit ses eaux à celles du Tiviot, elle fut fondée par David 1er, dans le douzième siècle, pour servir de résidence à des chanoines réguliers venus de Beauvais. L'église, qui seule est restée intacte, sert au culte religieux : elle a perdu beaucoup de son effet pittoresque, par la lourdeur de l'architecture des constructions modernes que l'on y a ajoutées. La partie occidentale, maintenant en ruines, attire plus particulièrement l'attention des amateurs, et l'on remarque surtout la porte d'entrée, laquelle est richement ornée de sculptures. L'édifice entier formait jadis un carré : l'église était au nord; le cloître, à l'est, et le réfectoire, au sud. La partie située à l'ouest était employée aux divers services de l'abbaye. L'emplacement qui servait de cimetière forme maintenant le jardin du presbytère. Ces magnifiques ruines se présentent sous leur aspect le plus avantageux, vues du rivage opposé de la Jed, sur les bords de laquelle le célèbre Thompson se livrait à ses rêveries poétiques, et dont les rives pittoresques sont dignes d'avoir inspiré un tel génie. Elles sont souvent élevées à pic, couvertes de broussailles ou de plantes sauvages, et quelques uns des rochers qu'elles arrosent renferment de grandes cavernes.

Une

DE

LA RIVIÈRE DE DORPT,

PAR S. AUSTIN.

Une mort prématurée a enlevé récemment aux arts le peintre d'après lequel M. Bentley a gravé cette vue de la rivière de Dorpt. Déjà son nom jouissait d'une juste réputation, et les progrès que son talent faisait chaque jour semblaient devoir lui assurer une place distinguée parmi les artistes du premier rang. Le genre assez borné auquel il s'était consacré lui permettait peu de varier ses compositions, ce qui a fait juger qu'il n'était pas doué d'une imagination fertile. Mais s'il ne possédait pas le talent d'orner les scènes que lui fournissait la nature, il savait du moins les rendre avec fidélité, et le charme d'une exécution pleine de verve permettait peu à la critique de s'occuper du défaut d'invention.

Le sujet du dessin de M. Austin, reproduit ici par l'habile burin de M. Bentley, est une vue prise sur la rivière de Dorpt. Une tour que l'on voit dans le lointain indique le point où se trouve la ville. La forme des bâtimens, le caractère de figure et les costumes des personnages qui animent cette scène, sont d'une exactitude telle, que l'on reconnaît tout de suite dans quel pays elle se passe.

Dorpt, autrefois une des plus fortes villes de Hollande, en est encore une des plus riches. Le bois de charpente forme l'objet le plus important de son commerce. Il est amené en des trains immenses par le Rhin, pour être exporté en Angleterre, en Espagne, en Portugal, ou préparé pour différens usages dans les moulins à scie qui bordent la ville. La vente d'un de ces trains dure plusieurs mois, et produit souvent 350,000 florins (près de 750,000 francs).

VELETRI,

PAR P. ROBINS.

M. Robins est un jeune artiste peu connu, sur le talent duquel on ne peut encore porter un jugement. Le choix qu'il a fait ici d'une vue prise en Italie indique l'intention de s'écarter des voies ordinaires et de se passer des ressources d'un ciel chargé de nuages ; mais les couleurs nécessaires pour rendre le vif éclat du jour sous le ciel de l'Italie ne se trouvent pas sur une palette anglaise ; et M. Robins ne pourra mieux faire que d'emprunter au sol et à l'atmosphère brumeuse de son pays des sujets romantiques et pittoresques de composition, et des élémens variés d'effet et de couleur.

Veletri, au centre de l'Italie, à 20 milles au sud-est de Rome, sur la route de Naples, était, dans le temps des rois de Rome, une ville grande et bien bâtie. Elle est située sur le penchant du mont Artimizio, d'où les regards se promènent avec délices sur les campagnes environnantes. Cette ville fut prise par Ancus Martius, quatrième roi des Romains, et reprise par les Volsques sous le commandement de Coriolan. Les Romains s'en emparèrent de nouveau quelque temps après, et, en ayant chassé les habitans, ils y établirent une colonie. Résidence de la famille Octavienne, ce fut dans ses murs que naquit l'empereur Auguste. Quoique bien située, la ville de Veletri est irrégulière et mal bâtie. Les rues sont étroites et sales, et les maisons, pour la plupart, menacent ruine. Elle contient cependant quelques monumens dignes d'attention, tels que le palais Ginetti, remarquable par son élégante façade; et le palais Borgio, qui renferme une riche collection de peintures et d'antiquités.

La Maison de Ville est d'une belle construction ; plusieurs places sont décorées de fontaines, et l'on voit sur la principale de ces places la statue du pape Urbain VIII, par le célèbre Bernini.

LAUFFENBOURG,

PAR G. BALMER.

———— ⋆◦⋆ ————

M. Balmer est encore confondu parmi cette foule de jeunes artistes qui aspirent à la célé-brité ; mais il ne tardera pas à marquer parmi les meilleurs peintres de l'École Anglaise. Cette vue de Lauffenbourg suffit pour faire apprécier son talent : elle atteste à la fois du goût et de la science ; une manière large et vigoureuse en caractérise l'exécution, et l'on voit qu'il y a de la sève dans le pinceau qui a touché tous les détails de cette charmante composition.

————————

Lauffenbourg est une petite ville sur le Rhin, située à moitié chemin de Hauenstein à Seckingen en Suisse, à 2 lieues environ de chacune, et à 4, à l'ouest de Waldshut, l'une des quatre villes où la Forêt-Noire commence. Le fleuve la divise en deux parties, qui communiquent l'une à l'autre par un pont de bois dont la gravure présente ici une vue fort exacte. La figure colossale qui occupe le sommet d'une de ses piles est la statue de saint Pierre. Trois cents pas au dessus du pont, le fleuve roule sur de larges masses de rochers, et, à l'approche du pont, res-serré de plus en plus par les rocs qui s'élèvent sur chaque rive, il s'é-lance avec impétuosité, surmontant tous les obstacles.

Entre Lauffenbourg et Waldshut coule la petite rivière d'Albe, qui se jette dans le Rhin, et sur laquelle est bâtie la forge d'Albrug, appartenant autrefois à l'abbaye de Saint-Blaise. La vallée arrosée par cette rivière présente des sites très pittoresques. On a découvert dans les environs des murailles de construction romaine.

ABBEVILLE,

PAR D. ROBERTS.

Les maisons placées sur le premier plan de ce tableau présentent ce caractère particulier aux habitations que renferment les villes entourées de murailles. Les étages empilés les uns sur les autres comme les rayons d'une ruche, et divisés en une multitude d'appartemens habités jusque dans les combles, montrent quelle est la valeur du terrain dans les enceintes circonscrites. D'anciens ornemens qui tombent en ruine témoignent de la splendeur passée de cette cité, jadis la résidence d'une opulente aristocratie. Derrière les maisons s'élève l'église Saint-Wulfrand, d'une architecture gothique, à la fois riche et de bon goût.

Abbeville doit son origine à une maison de campagne de l'abbé Saint-Riquier. Hugues-Capet, trouvant cette position avantageuse, chassa l'abbé et ses moines, s'en empara, la fortifia, et donna le commandement de la place à son gendre avec le titre de comte. C'est, après Amiens, la ville la plus importante de la Picardie. Elle est située dans une vallée agréable et fertile, arrosée par les diverses branches de la Somme, qui traverse la ville et la divise en deux parties. Elle contient, avec ses faubourgs, environ 30,000 habitans. Beaucoup de maisons sont bâties en bois, d'autres en briques et en pierre, et généralement de formes très irrégulières. Abbeville est en quelque sorte fortifiée, et fut dans un temps le siége d'une cour provinciale et de tribunaux inférieurs. Elle renfermait un séminaire, une abbaye de moines, une commanderie de l'ordre de Saint-Jean de Jérusalem, un collége et une bibliothèque publique. Aujourd'hui, c'est un chef-lieu d'arrondissement, et il y a un tribunal de première instance, un tribunal de commerce, deux justices de paix et un collége communal. Le plus beau monument de la ville est l'Hospice des Enfans-Trouvés. On voit sa façade du rempart qui sert de promenade, et est planté de trois avenues d'arbres. Une autre promenade en forme de quai, s'étend sur la rive droite de la Somme ; il y a une fontaine d'eaux minérales, et, à une courte distance, des bains publics. La rivière est assez forte et assez profonde pour porter des bateaux lourdement chargés, et des bâtimens de 80 à 100 tonneaux remontent facilement jusqu'à la ville. La Somme a sur ses bords de nombreux établissemens industriels. Les plus importans sont des filatures de coton, des manufactures de toiles, de velours, de draps, de toiles à voiles, de cordages, de savon, de colle-forte, etc. La célèbre manufacture de draps fins y fut établie en 1665 par un Hollandais nommé Van Robais, à qui Louis XIV accorda de grands priviléges. Outre l'exportation des objets de ses fabriques, Abbeville fait un commerce assez considérable de grains, de lin, de chanvre, de graines oléagineuses, colzas, navettes, etc., que le pays environnant produit en grande quantité.

BIBLIOTHEQUE ROYALE

LE SOIR,

PAR THOMAS H. SHEPHERD.

M. Shepherd manie également le pinceau et le burin, et il a voulu par cette planche faire apprécier à la fois son talent comme peintre et comme graveur. On remarque dans cette composition l'intention d'imiter la manière des maîtres de l'ancienne école, et l'on voit que cet artiste a cherché à s'inspirer sur les admirables productions de Claude Lorrain et du Poussin. Mais cet essai doit lui faire comprendre tout le désavantage que l'on se donne en s'engageant sur des traces que l'on ne saurait suivre, et on a lieu de regretter qu'il n'ait pas choisi dans cette occasion un sujet plus conforme au goût actuel et à ses propres moyens d'exécution. La gravure est d'un travail précieux, mais semble dénoter peu d'habitude et de connaissance des ressources de cet art.

On peut croire que cette vue est prise en Italie, et l'on est confirmé dans cette opinion par l'aspect de cette masse de ruines, restes d'un monument de l'antiquité. Une rivière que le peintre a fait serpenter en longs détours, sert habilement à marquer le lointain, et la lumière affaiblie d'un soleil couchant caché par une masse de feuillages, vient se projeter avec art sur les principales parties du tableau. Un groupe de personnages qui paraissent jouir du calme d'une belle soirée, anime cette scène. Leur costume et les armes posées sur le gazon donnent lieu de penser que ce sont des brigands. Dans un paysage italien, il convenait

3

de représenter une scène qui rappelât les récits que l'on fait des goûts et des habitudes de ces bandits, auxquels une teinte de sentiment et de romanesque prête un certain intérêt, malgré l'horreur qu'inspire leur odieuse profession.

Le Château

DE KENILWORTH,

PAR J. NASH.

———————

Le peintre offre à nos yeux dans cette charmante composition la scène décrite par notre grand romancier. Elle présente un groupe composé de la belle Amy Robsart, de sa femme de chambre Jeannette, fille du vieux Foster, et de Wayland, le faux colporteur, qui étale aux yeux de la jeune femme les marchandises qu'il tire d'un coffre. La scène se passe devant le pavillon de Cumnor-Place. La pose de ces trois personnages est bien en harmonie avec le caractère que Walter Scott a tracé de chacun d'eux. L'espèce d'indifférence avec laquelle l'épouse secrète de Leicester examine ces trésors, donne l'idée de l'attention forcée d'une personne qui cherche un refuge contre l'ennui dans la nouveauté, et qui n'a en vue que de tuer le temps. La suivante, dont le vêtement simple et la coiffure puritaine contrastent avec l'éclat de la soie et des joyaux qui parent sa maîtresse, regarde à une certaine distance les futilités répandues avec une agréable confusion autour de la malle du marchand, et relève la gravité de cette scène.

L'architecture de l'époque des Tudors est très bien rendue. Les gros ornemens en forme de globes, de pyramides, de polygones diamantés; les cartouches irréguliers supportés par des mascarons, le déploiement de toutes les richesses de cet ordre d'architecture appelé grec-italien, l'entrée imposante de la maison par un riche escalier, un rang de cheminées brodées, les pignons et les fenêtres cintrées de la partie la plus éloignée de la maison, tout contribue à rappeler l'état des arts à cette époque, et présente l'aspect d'un château féodal, tel qu'étaient ceux où les riches seigneurs vivaient dans l'isolement et le repos.

BRUGES,

PAR BONINGTON.

Les gravures anglaises, terminées avec un soin que l'on remarque trop rarement dans les nôtres, ont été, pour ce motif, recherchées avec empressement depuis plusieurs années par les amateurs. Mais en donnant toute son admiration à l'œuvre du graveur, on oubliait souvent que le talent du peintre y avait aussi de justes droits ; c'est le pinceau qui guide le burin, et s'il faut rendre hommage à l'habileté avec laquelle l'artiste a su rendre sur l'acier ou le cuivre le tableau ou le dessin qui lui servait de modèle, on doit reconnaître que c'est de l'exécution de ce modèle que dépendaient pour lui les moyens de produire une belle planche. Nous avons saisi l'occasion que nous offrait la publication de cette Galerie, pour essayer d'appeler l'attention sur les noms des peintres auxquels il convient d'attribuer en grande partie les progrès de l'art de la gravure en Angleterre, et d'étendre en deçà du détroit la célébrité qui depuis long-temps leur est acquise dans ce pays. Mais le nom de Bonington n'est pas de ceux qui sont encore peu connus en France : c'est chez nous au contraire que s'est établie sa réputation, et il peut, à plusieurs égards, être placé au nombre des artistes français. Ses tableaux et ses aquarelles sont venus souvent enrichir nos expositions, et la plupart forment encore le plus bel ornement des cabinets d'un grand nombre d'amateurs. Nous nous dispenserons donc de parler de son talent, que tout le monde a pu apprécier ; nous nous bornerons à déplorer ici la perte de cet artiste, enlevé par une mort si prématurée, presque à son début dans une carrière où tout semblait lui-promettre les plus brillans succès.

Bruges est une des plus importantes et des plus anciennes cités des Pays-Bas. Elle était fortifiée dès l'an 867, et quelques parties de ses murailles paraissent remonter à cette époque. Cette ville est située au milieu d'une vaste et belle plaine, à six milles de la mer ; quoiqu'il n'y ait pas de rivière près de cette place, elle est coupée par un grand nombre de canaux. Ses rues sont larges, mais des maisons à pignons triangulaires leur donnent un aspect assez désagréable. La Bourse, que l'on croit être un des plus anciens monumens construits en Europe pour cette destination, est d'une fort belle architecture. Les autres édifices les plus remarquables sont la Maison de Ville, le Lycée, ancien fameux couvent de Dunes, et l'église Notre-Dame, avec sa flèche élevée que l'on aperçoit en sortant de la Tamise. Dans le xive siècle, époque de sa plus grande prospérité, la ville de Bruges formait une branche de la république anséatique, et faisait un commerce considérable avec l'Angleterre, Venise et les autres pays étrangers. C'est dans ses murs que les comtes de Flandre avaient établi leur résidence. Mais depuis le xve siècle cet état de prospérité a toujours été en décroissant. Elle possède encore une académie de sculpture et de peinture, des bibliothèques et de riches collections, une école de navigation, et un grand chantier de construction maritime. Son bassin peut contenir plus de cent navires.

Ce fut dans cette ville que le duc de Bourgogne Philippe le Bon fonda l'ordre de la Toison-d'Or en 1430, et que naquirent le célèbre Jean de Bruges, l'inventeur de la peinture à l'huile, et Louis Bergen, qui inventa l'art de tailler le diamant.

MOULIN A EAU,

PAR G. CATTERMOLE.

———————

La vue de ce moulin à eau a été prise par M. Cattermole dans le Westmoreland. Les vêtemens des personnages que l'on remarque sur le premier plan attestent cette aisance dont jouissent ordinairement ceux qui exercent l'utile et lucrative profession de meunier dans un village retiré de ce comté.

Le Westmoreland, qui confine au nord de l'Angleterre avec le Cumberland, est un pays composé de hautes montagnes, de collines dépouillées, et de noirs marais nommés *Fells;* il est arrosé par un grand nombre de rivières, de ruisseaux et de lacs. Celui de Winandermere, de quatre lieues de longueur et de huit cents toises de largeur, est le plus considérable du royaume; il sépare ce comté de celui de Lancastre. Il est célèbre surtout par la pêche d'un excellent poisson que les Anglais appellent *Char*, et qui est particulier à l'Écosse et au Westmoreland. Ce pays offre un grand nombre de vallons étroits, couverts de pâturages, séparés par des montagnes arides; les terrains fertiles se trouvent principalement dans les vallées arrosées par des rivières; les herbages sont employés à nourrir le bétail que l'on tire d'Écosse; de belles vaches, estimées pour leur lait, fournissent d'excellens beurres les marchés de

Londres ; les oies, dont on peuple les prairies marécageuses, les porcs nourris dans les montagnes et qui donnent d'excellens jambons, sont les principales richesses de ce comté.

BIBLIOTHÈQUE ROYALE

I

ÉGLISE

DE SAINT-LAURENT,

A ROTTERDAM,

PAR G. BALMER.

BIBLIOTHÈQUE ROYALE

Rotterdam est la cité la plus commerçante et la plus populeuse de la Hollande, après la capitale. Elle possède des écoles et des sociétés savantes ; elle est la patrie d'Erasme, dont on voit encore la maison, et à qui elle érigea une statue ; et cependant c'est la seule grande ville de Hollande qui ne possède point de bibliothèque publique. Nous n'en tirerons pas, dit Maltebrun, une conséquence trop rigoureuse, en nommant ses habitans les Béotiens des Pays-Bas. Absorbés par leurs occupations commerciales, ils doivent être bien courts les instans qu'ils peuvent consacrer à l'étude des lettres et des sciences. Cette ville contient divers beaux édifices publics, entre autres on distingue la grande église de Saint-Laurent, avec sa haute tour gothique, du sommet de laquelle on aperçoit La Haye au nord-ouest, Leyden au nord, et Dorpt au sudest. A l'intérieur, une magnifique balustrade de bronze la traverse dans l'extrémité la plus élevée, et la profusion des ornemens qui couvrent ses murs jusqu'à la voûte, attire particulièrement la curiosité des voyageurs.

4

On voit gravées sur les tombes des personnages enterrés dans cette église, la date de leur naissance, de leur mort et leurs armoiries, mais il n'y est fait nulle mention de leurs noms. Il y a une horloge qui limite la durée du sermon du prédicateur.

Une

DE

LA COTE D'YARMOUTH,

PAR J. S. COTMAN.

M. Cotman est un des plus habiles peintres de Marine en Angleterre. Il possède parti-culièrement l'art de rendre des effets lumineux. Dans ses compositions, quelques bateaux viennent contraster par la vigueur du ton avec la vive clarté d'un ciel pur, que réflètent des eaux tranquilles et transparentes. Une couleur harmonieuse, une touche légère et facile, et du goût dans le choix des sujets, font rechercher ses tableaux des amateurs. M. Cotman est membre de la société des peintres d'aquarelles (*water colours*), dont les ouvrages sont exposés chaque année dans la charmante galerie de Pall-Mall.

Les élémens de cette composition sont fort simples, et cependant le résultat de cette combinaison est d'un grand intérêt. Le jour commence, et les vaisseaux chargés coulent près de la terre sur une eau tranquille et unie. Leurs voiles et leurs cordages sont bien dessinés, et s'étendent au milieu de la splendeur du ciel. L'effet de la lumière, qui ne fait que paraître et commence à surmonter la brume qui enveloppait tout cet espace il n'y a qu'un instant, est parfaitement rendu. On aperçoit sur un promontoire assez rapproché une lanterne qui sert de phare. Le calme plat est indiqué par ces longues lignes d'une lumière égale qui plongent dans l'onde transparente. Les jolies mouettes, qui planent dans les airs ou rasent l'eau de leurs ailes, donnent de la vie et du brillant à cette scène pleine de vérité.

Yarmouth, dans l'île de Wight, tire son nom de la Yare, petite rivière qui a son embouchure dans ce port, autrefois un des plus importans de l'Angleterre, qui trafique encore avec la Baltique et la Méditerranée, et qui, tous les ans, arme 150 navires pour la pêche du hareng et du maquereau. Un banc de sable considérable, qui s'avance parallèlement à la côte d'Yarmouth, forme à l'embouchure de la Yare la rade de ce port.

L'ABBAYE DE MELROSE,

PAR D. ROBERTS.

M. Cattermole a donné dans une des charmantes gravures qui ornent le volume intitulé *Walter Scott et les Ecossais* une vue de l'intérieur de l'abbaye de Melrose. Cette composition de M. Roberts présente dans son ensemble ce vaste monument, une des plus célèbres et des plus belles ruines des édifices religieux de l'Écosse. Une ombre épaisse, répandue sur les montagnes du fond et sur la tour majestueuse, leur imprime un ton ferme et sombre, sans toutefois les masquer, tandis que la partie orientale de l'édifice, ses fenêtres brodées, ses châsses délicates et ses compartimens feuillagés, l'éclat qui brille sur le bas du premier plan, donnent de l'éloignement et de l'harmonie au sombre Glen, sous la voûte de feuillage duquel passe la route. La masse immobile des arbres, les teintes éloignées des montagnes, ce rocher et cette tour qui s'élèvent brillans dans le lointain, au milieu d'un ciel sombre et couvert, produisent un effet magique : les esprits de ceux qui jadis habitèrent ces lieux semblent y errer encore et répandre sur cette scène un caractère mélancolique.

La belle description que Walter-Scott a faite de ce monument dans le *Lai du dernier Ménestrel*, est bien faite pour exciter la curiosité des voyageurs, et on va le visiter d'autant plus volontiers qu'il se trouve près d'Abbotsford, la résidence du célèbre romancier.

L'abbaye de Melrose, située près de la ville de ce nom, sur la rive méridionale de la Tweed, fut bâtie par David Ier, et dédiée à la vierge Marie : ce prince la dota de grands priviléges et de revenus considérables. Elle a été construite en forme de croix de saint Jean et sur de grandes dimensions. Les niches, les piliers, les piédestaux, les pavillons, sont d'un travail exquis et couverts de figures admirablement sculptées. L'abbaye avait des dépendances consistant en de beaux édifices et de vastes jardins : le tout était environné d'un mur élevé qui avait plus d'un mille de circonférence.

NEW-ABBEY,

PAR D. ROBERTS.

———◆◆◆———

Ce monument présente un parfait modèle de l'ogive du contour le plus pur et le plus simple ; il n'est point surchargé d'ornemens d'architecture, mais son aspect est magnifique et imposant. L'artiste a judicieusement fait venir par le côté gauche la lumière , qui frappe sur les colonnes du côté opposé, en fait briller le travail et les formes admirables; et par une habile gradation il a marqué l'étendue de la vue que termine la porte occidentale. Le lierre se roule en nombreuses guirlandes autour des ogives et des colonnes , et décore sans les cacher ces vénérables restes des temps passés.

Cette célèbre abbaye , située à environ sept milles au sud de Dumfries, dans le comté de Kirkendbright, fut fondée par Devorgilla, fille d'Allan, lord de Galloway, et mère de Jean Baliol , roi d'Écosse. Elle fut d'abord nommée l'abbaye de *Sweet-Heart* (cœur embaumé), parce que le cœur de Devorgilla, embaumé et enfermé dans une boîte d'argent et d'ivoire, y avait été déposé; mais ce nom fut ensuite changé en celui de *New-Abbey* (Nouvelle-Abbaye). Le monument est situé au milieu d'un emplacement uni de trente acres de circonférence, entouré par un mur élevé.

LA BAIE DE NAPLES,

PAR G. ARNALD.

On est souvent en droit de reprocher aux peintres anglais de s'écarter de la vérité et d'imaginer des effets de lumière qui ne sauraient exister. Ce reproche ne peut être fait à M. G. Arnald, qui a le rare mérite de copier fidèlement la nature. Sans être coloriste, cet artiste rend avec une grande vérité particulièrement les effets d'orages, les arbres battus par la tempête, et tous les détails de ces scènes dont le spectacle glace d'effroi et excite à la fois l'admiration. M. G. Arnald appartient à l'école du célèbre R. Wilson, et son talent offre beaucoup des qualités qui distinguent la manière de ce maître. Il est depuis plusieurs années membre associé de l'académie royale de peinture de Londres, et ses ouvrages sont toujours recherchés des amateurs éclairés, quoiqu'il y ait une différence marquée entre son genre et celui qui en ce moment est en possession de la faveur du public.

La baie de Naples est d'une beauté et d'une richesse dont aucune scène ne peut approcher. Le gracieux contour du rivage, la multitude de constructions (la plupart d'une architecture élégante) qui s'étendent sur le rivage, la terre qui s'élève en amphithéâtre; au-delà de la ville, une brillante végétation, le magnifique contour des montagnes qui l'environnent, tout semble réuni pour embellir ce site favorisé. L'artiste a employé habilement les élémens d'une belle composition qui se présentaient à lui. D'un chemin qui serpente sur la crête d'une colline plantée d'arbres, l'œil plane sur la ville, la baie et la tranquille Méditerranée, au soir d'un jour brûlant, où l'atmosphère est dans ce calme si ordinaire sous cet heureux climat. Le ciel, ardent, est pommelé de légers nuages éclairés par

5

de petits accidens de lumière, qui ajoutent de la douceur et de l'harmonie à l'effet général du tableau, tandis qu'à l'horizon le terrible Vésuve lance une colonne de flammes couronnée de flocons de fumée qui vont se perdre dans l'air. Quelques figures et des chèvres, introduites avec art, sont des accessoires en rapport avec la tranquillité de cette vue.

Les quais et les bâtimens qui bordent cette baie célèbre s'étendent en forme de croissant l'espace de près de cinq milles, depuis la porte de Pausilippe, qui est l'entrée de la ville à l'ouest, jusqu'au pont de la petite rivière Sebeto, qui la termine à l'est. Leur aspect est imposant, surtout dans le quartier de la Chiaja, à l'ouest du port. On a une charmante vue de la baie, des jardins du roi, situés sur le bord de la mer, et qui sont la promenade du beau monde de la ville.

Chapelle

DE

GUILLAUME TELL,

LAC DE GENÈVE,

PAR G. CATTERMOLE.

———◆———

L'intérêt qui s'attache à des souvenirs contribue pour beaucoup à celui qu'inspire une vue copiée d'après nature, et c'est par le choix du sujet, aussi bien que par la manière de rendre avec un effet pittoresque un lieu célèbre par une action héroïque, que brillent le goût et le talent d'un artiste. Ainsi, le lac Léman présente un site pittoresque, et rappelle à la fois un fait célèbre qui signala les courageux efforts de la Suisse pour secouer le joug des Autrichiens et les expulser de son territoire.

« Qui n'a pas désiré saluer la chapelle érigée sur la plate-forme sau-
« vage d'où Guillaume Tell fit voler au cœur du tyran un trait ven-
« geur, lancé par cette même arbalète que celui-ci l'avait forcé de
« diriger vers la tête de son fils? »

La vue du tableau de M. Cattermole satisfait ce désir. Le petit bâti-ment connu sous le nom de *Chapelle de Guillaume Tell,* et construit sur un rocher, est le principal objet de cette composition. Comme en-caissé dans un épais bocage, le monument se détache d'une manière brillante et ferme des masses de feuillage et des hautes montagnes qui l'entourent. Les Alpes, que l'on voit dans le fond et qui le remplissent presque entièrement, se prolongent dans l'éloignement. Les eaux tranquilles du lac, sur le premier plan, sont animées par des barques, où les passagers, en manifestant l'intérêt qu'excite en eux la vue de ces lieux, attirent celui de l'observateur sur le monument révéré vers lequel ils marchent.

Le lac de Genève, l'un des plus célèbres de l'Europe, s'étend en forme de croissant entre la Suisse et la Savoie, et occupe une partie de cette grande vallée qui sépare les Alpes de la chaîne du Jura. Sa longueur, au nord, sur la frontière de la Suisse, est de cinquante milles, et du côté de la Savoie, de quarante-deux milles; sa plus grande largeur est de dix milles : il est très profond dans certains endroits. Pendant l'été, les rivières qui lui apportent leur tribut, et dont le Rhône est la plus forte, occasionent, à l'époque de la fonte des neiges, une crue de plusieurs pieds. On remarque aussi dans les temps orageux une augmentation ou une diminution alternative qui dure quelquefois plusieurs heures, et qu'on attribue à l'influence des nuages électriques. On n'a pas connaissance que le lac ait jamais gelé; son eau est d'une limpidité remarquable, excepté à l'entrée bourbeuse du Rhône. Le pays qui l'environne est admirable; le nord est fertile et bien cultivé; au sud s'élèvent les plus hautes montagnes de la chaîne des Alpes.

LA

CATHÉDRALE DE CAEN,

PAR D. ROBERTS.

La cathédrale de Caen, connue sous le nom de Saint-Pierre de Darnetal, est un monument admirable dans son ensemble comme dans toutes
ses parties ; mais la tour et le clocher qui la surmonte attirent particulièrement l'attention par l'originalité et l'élégance de leur forme, la délicatesse et l'effet pittoresque des sculptures qui les décorent. Une critique sévère peut atteindre le corps de l'église, qui n'est pas d'un gothique pur ; mais la profusion des ornemens dont il est chargé surpasse
encore tout le luxe de ce style. Construit à diverses époques, cet édifice offre des traces du goût qui dominait à chacune d'elles. Le style
italien, introduit sous François Ier, est celui qui a été employé en dernier
lieu. Les arcs-boutans sont de la plus grande hardiesse. Au milieu de
cette variété de genres d'architecture, la tour et sa flèche, d'un style
pur, s'élèvent comme le monument qui doit perpétuer la mémoire d'un
homme de génie. Bourgueville, dans ses *Recherches et Antiquités de la
Ville et Université de Caen*, 1588, se montre original, et même élo-
quent dans la description qu'il donne de cette tour : il dit qu'elle l'emporte sur celles qu'il a vues dans toutes les villes de France, en élévation
comme par la grace de la forme et la richesse des détails. Le révérend

docteur Dibdin, dans son *Voyage en France et en Allemagne*, convient aussi qu'il n'existe pas en Angleterre un édifice religieux d'un aspect aussi imposant, et que la tour de Salisbury, également surmontée d'un clocher, ne peut être comparée à Saint-Pierre de Darnetal, quoique beaucoup plus élevée.

Première Entrevue

DE ROLAND GRŒME

et

DE CATHERINE SEYTON,

PAR J. NASH.

Plusieurs artistes du nom de Nash ont acquis une assez grande célébrité dans divers genres. Les aquarelles de M. Frédérick Nash sont recherchées des amateurs pour l'exactitude et la vérité des vues prises d'après nature et le talent avec lequel elles sont exécutées. M. Nash est un architecte distingué, à qui un des plus beaux quartiers de Londres doit une grande partie de ses embellissemens. C'est aussi à l'architecture que s'était destiné M. J. Nash, d'après qui a été gravée cette composition, dont le sujet a été tiré d'un roman de Walter-Scott. Au soin apporté dans tous les détails du fonds, on peut reconnaître un heureux effet de ses premières études. La fidélité des costumes du temps où la scène se passe est observée avec un scrupule dont les peintres anglais s'affranchissent trop souvent, et atteste chez M. J. Nash autant de goût que de connaissances dans la science des antiquaires. Un talent remarquable de composition distingue aussi ce jeune artiste. Le dessin de ses figures manque de correction et d'élégance, et elles tendent, par l'exagération de l'expression, à tomber dans la *charge*; mais, à cet égard, ce qui peut être l'objet d'une critique en France est susceptible de lui gagner des suffrages en Angleterre.

Cette gracieuse composition, dont le sujet est tiré de sir Walter-Scott, nous présente le moment où Roland est laissé par ses guides en compagnie de l'aimable et piquante Catherine, « avec qui il devait faire une plus ample connaissance », laquelle connaissance néanmoins ne doit avoir lieu que sous la vigilante surveillance des deux vieillards que l'on voit se promener gravement, causant sur le balcon extérieur.

Le moment choisi par l'artiste est celui où l'hilarité soudaine de la jeune fille jette la confusion dans l'esprit du pauvre Roland Grœme, qui, assis devant Catherine, attend avec impatience qu'ayant fini de rire elle reprenne de bonne grace son travail d'aiguille.

Le

CHATEAU DE HURST,

PAR VICKERS.

Des vues de côtes sont les sujets que M. Vickers affectionne, et le succès avec lequel cet artiste rend la transparence et le brillant des eaux, la variété des formes et de la couleur du rivage où elles viennent se briser, explique bien sa prédilection à cet égard. Une belle couleur, des effets agréables et lumineux, sans affectation de contrastes; une touche de pinceau légère et vigoureuse en même temps, sont ce qui distingue le talent de M. Vickers, dont le style a de l'analogie avec celui de Ruisdael.

La vue donnée ici par M. Vickers a été prise sur les côtes du Hampshire ou comté de Southampton, à l'embouchure de la rivière de Lymington. On aperçoit dans le lointain, sur le rivage, le bourg de ce nom et le château de Hurst. Le Hampshire est une contrée agricole autant que maritime et commerçante. Riche en céréales et en forêts, ce comté est traversé par des canaux qui font communiquer la Wye et la Tamise, Winchester avec Salisbury et d'autres villes. Winchester en est la capitale, et c'est dans cette ville que l'on montre la célèbre Table ronde portant les noms des nobles compagnons d'Arthur. Ses principaux ports sont Portsmouth, Yarmouth et Southampton. Cette dernière ville, qui a le rang de comté, agréable par sa position, considérable par son commerce, animée par les étrangers qui viennent y prendre les bains de mer ou boire les eaux d'une source ferrugineuse, communique tous les jours avec le Hàvre par un service régulier de bateaux à vapeur.

CHRISTOPHE SLY

ET

L'Hôtesse,

PAR J. NASH.

———————◆———————

Voici la spirituelle mise en action d'une scène de Shakespeare. La grosse et la grasse hôtesse porte sur son visage un air de défiance et de détermination , voyant que son hôte ne veut pas payer son ale et les verres qu'il a cassés. Le chaudronnier, au contraire , plein de cette aisance et de cette gaîté que lui procure l'ivresse , lui fait claquer ses doigts près du visage en tâchant de rattraper son équilibre au milieu de sa danse grotesque. Cependant, tout décontenancé qu'il est , on voit encore sur sa figure l'air d'importance et de pédanterie que comporte son rôle. L'aspect du lieu est tranquille et agréable, comme doit être un cabaret écarté dans la campagne. Les ornemens sont de bon goût, et le ton de la peinture d'une grande fraîcheur.

La

CROIX DE WALTHAM,

PAR W.-B. CLARCKE.

M. Clarcke est l'architecte à qui l'on doit la restauration de ce monument du xiiie siècle. Dans le dessin qu'il a fait pour cette collection, l'artiste donne une copie exacte de cet édifice, tel qu'il est rétabli par ses soins; mais ce groupe dans une attitude pieuse, ces moines, cette procession qui retourne à l'abbaye, rappellent les temps éloignés où il fut érigé. Le paysage est bien composé et animé par un effet très agréable.

La croix de Waltham fut élevée vers l'an 1290 par ordre d'Édouard Iᵉʳ, à la mémoire de la reine Eléonore, fille de Ferdinand, troisième roi de Castille et de Léon. Elle épousa Edouard 1ᵉʳ, roi d'Angleterre, en 1254, et l'on trouve dans les annales des rois peu d'unions qui aient été plus heureuses. Elle suivit son mari pendant trente-six ans dans toutes ses campagnes, bravant avec lui les dangers et les fatigues de la guerre. Dans une de ces expéditions, le roi ayant été blessé par un trait empoisonné, elle suça le poison, et lui sauva ainsi la vie au grand péril de la sienne.

Les circonstances de la vie de cette reine sont peu connues; mais l'histoire lui attribue toutes les vertus domestiques, et la donne comme un rare modèle de bienveillance. « Elle était , dit Holinshed, une bonne et modeste princesse, pleine de piété, portant beaucoup d'intérêt au peuple, assistant les gens qui étaient dans le malheur, et réconciliant ceux que la discorde avait désunis. » Walshingam ajoute : « Ses oreilles étaient toujours ouvertes aux plaintes des opprimés, et ainsi elle réprimait les actes tyranniques des nobles envers leurs inférieurs, trop communs dans les temps de la féodalité. » Elle devenait ainsi le soutien du royaume.

Edouard paraît avoir rendu à sa compagne l'affection qu'elle avait pour lui, et l'avoir sincèrement regrettée après sa mort. Cet événement arriva le 27 novembre 1290, près Herdely dans le comté de Nottingham, lorsqu'elle accompagnait le roi en Ecosse. L'Angleterre partagea la douleur que sa perte fit éprouver à son époux. Edouard ramena son corps à Westminster, où elle fut enterrée, selon Fabien , dans la chapelle de Saint-Edouard, aux pieds de Henri III. Le roi suivit le convoi comme premier pleureur, et fit élever dans chaque endroit où le corps s'arrêta, depuis le comté de Nottingham jusqu'au lieu où il fut enterré, une croix avec la statue de la reine, comme gage de son affection, et, comme dit Walshingam, afin que tous les passans pussent dire une prière pour son ame.

De toutes ces croix, que Gough remarque avec beaucoup de justesse être des monumens élevés à l'amour conjugal, que l'on ne voit que dans ce pays , trois existent encore , celles de Geddington, Northampton et Waltham. Cette dernière est un chef-d'œuvre du plus pur gothique, et mérite doublement d'être transmise à la postérité, à cause du motif pour lequel elle fut érigée et comme modèle d'architecture.

LE PONT GWRYD,

PAR J.-C. BENTLEY.

———◦—◦———

M. J.-C. Bentley, très jeune encore, doit être assurément un jour un des artistes les plus distingués de l'Angleterre. Elève du célèbre graveur Brandard, comme son maître, il marquera également parmi les meilleurs peintres et les plus habiles graveurs. Un dessin correct, une connaissance approfondie de la perspective, un sentiment parfait de la couleur et de l'effet, du goût, de l'esprit et de la main, sont des qualités pour lui d'un avantage immense, soit qu'il exprime sa pensée sur la toile, soit qu'il la reproduise sur l'acier. Le charmant tableau d'après lequel il a exécuté cette planche, atteste à quel degré M. J.-C. Bentley possède ces précieuses qualités; mais elles se retrouvent toutes dans la gravure; et si dans l'un il a fait preuve de l'adresse avec laquelle il sait se servir du pinceau, dans l'autre on peut remarquer avec quel art, par le seul secours de l'eau forte et du burin, il est parvenu à rendre les mêmes effets de lumière et ces tons variés que les couleurs de sa palette paraissaient seules pouvoir lui fournir. Il faut avouer que l'aspect d'une plaine du pays de Galles, ce torrent qui vient en tourbillonnant des montagnes se briser sur des rochers, ces ruines d'un pont de construction antique, mais qui n'est plus rendu praticable que par quelques mauvaises planches jetées sur les restes de ses piles; et, dans l'éloignement, les sommets élevés du Snowdon, offraient les élémens d'une composition dont les détails comme l'ensemble étaient particulièrement analogues au talent de ce jeune artiste.

————

La grande quantité de montagnes qui hérissent la surface du pays de Galles l'ont fait surnommer la petite Suisse. On conçoit que ce n'est pas dans la hauteur de leurs cimes que l'on peut leur trouver quelque ressemblance avec les Alpes ; mais leurs escarpemens rapides, leurs flancs déchirés et taillés à pic, la profondeur de leurs étroites vallées, les lacs petits mais limpides que l'on rencontre à chaque pas, le grand nombre de rivières et de ruisseaux qui tantôt se précipitent en cascades, tantôt roulent lentement au milieu des prairies ; les brouillards humides qui s'élèvent de la surface de ces eaux, et quelquefois s'attachent au sommet des plus hautes montagnes ; la neige même, qui se conserve fréquemment jusqu'à la fin du printemps, leur donnent l'apparence de ces pics sourcilleux qui, dans les hautes chaînes du globe, arrêtent les nuages ou servent de séjour à des glaces éternelles. Ce pays offre une suite continuelle de sites romantiques et de perspectives sauvages. La principauté de Galles est divisée en douze comtés, et c'est dans celui de Carnarvon, non loin de l'emplacement de l'antique *Legontium*, que l'on rencontre le pont Gwryd. Le Snowdon est la plus haute montagne du pays de Galles.

CHARLES-LE-TÉMÉRAIRE,

CITÉ DEVANT LE *VEHME-GERICHTE*,

PAR G. CATTERMOLE.

———◆◆◆———

Le sujet de cette composition de M. Cattermole est pris dans le roman de Walter-Scott intitulé *Charles-le-Téméraire*. Le comte Albert
de Geierstein, membre de l'association wehmique, qui a pénétré pendant
la nuit dans la tente du duc de Bourgogne, cite ce prince devant le
redoutable tribunal secret. La citation que le comte déroule devant les
yeux de Charles est couverte de croix, emblème de l'association et si-
gnature la plus ordinaire des nobles seigneurs qui en faisaient partie.
La physionomie du duc exprime la terreur et la surprise dont il est
frappé à la vue de cette citation et du personnage mystérieux qui la lui
présente.

Le Wehme ou Vehme secret était un tribunal inquisitorial et secret
qui a existé pendant des siècles et qu'on dit exister encore en Allemagne. Son pouvoir consistait en un vaste système d'espionnage, et son
influence était si grande qu'à sa seule pensée les rois et les empereurs
eux-mêmes tremblaient sur leurs trônes, craignant cette association qui,
invisible, frappait le prince comme le paysan. Il y a dans le roman une
description très intéressante de ce terrible tribunal devant lequel ceux
qui y étaient cités devaient se défendre contre leurs accusateurs.

————

Le

CHÂTEAU DE WRESSEL,

ANCIENNE RÉSIDENCE

DE LA MAISON DE NORTHUMBERLAND,

PAR W. NESFIELD.

———◆———

Une grande vigueur d'exécution caractérise le talent de M. W. Nesfield. Les devants de ses tableaux sont fortement prononcés, et c'est par de vives oppositions qu'il donne de l'effet à ses compositions. Dans celle-ci, une éclatante lumière qui frappe sur la grosse tour carrée du château, opposée à l'ombre qui couvre la terre, rappelle les beaux effets du célèbre peintre anglais Gainsboroug. M. W. Nesfield a sans doute beaucoup à faire encore avant d'atteindre au degré de supériorité où s'est placé ce maître; mais il suit une bonne route et ne peut manquer d'y obtenir de brillans succès.

———

Le château de Wressle ou Wressel fut bâti, selon M. Lewis (*Lewis's topographical Dictionary*), par Thomas Percy, comte de Worcester, qui fut fait prisonnier à la bataille de Shrewsbury et décapité ensuite. La maison de Northumberland continua de l'habiter jusqu'aux guerres civiles sous Charles 1er, où le parlement ordonna sa démolition. Il est situé dans la paroisse du même nom, dans la partie orientale du comté d'York, à quatre milles de Howden, appelé autrefois Hovedon. Le village est petit, mais son église est un monument ancien. Le comte d'Égremont a dans ce même endroit une maison de campagne.

CHEDDER PRÈS BATH,

PAR J.-B. PYNE.

M. J.-B. Pyne habite Bristol, dans une des parties les plus pittoresques de l'Angleterre. Le magnifique spectacle des sites romantiques qu'il a constamment sous les yeux, est pour lui une mine inépuisable de sujets de composition; mais on admire le goût qui préside au choix qu'il en fait. L'intérêt des vues qu'il présente dans ses tableaux, autant que le talent avec lequel ils sont exécutés, des effets riches et une belle couleur, une manière large et facile, les font rechercher des amateurs. Le dessin que M. Pyne a fait pour cette collection est très beau. On remarque une heureuse opposition à l'aspect sauvage et terrible de ces énormes rochers qui semblent menacer d'une destruction prochaine les humbles toits des paysans, dans la tranquillité du village, le calme des eaux et la profonde sécurité des personnages qui animent cette scène. Pour mieux frapper l'imagination, l'artiste a amené la lumière sur les maisons, le terrain, les eaux et sur la cime des rochers qui les environnent, masquant par une ombre habilement répandue sur la base de ces rocs la pente qui pourrait rassurer sur l'imminence de leur chute.

Chedder, dans le duché de Sommerset, à sept milles de Wells et près d'Axbridge, sur la rivière de l'Ax, est un village retiré tel qu'on en rencontre souvent dans la partie montagneuse de l'Angleterre. Il est bâti au pied, du côté sud-ouest, des monts Mendip. Le village et la scène qui l'environne sont très-romantiques : c'est là que commence la chaîne célèbre des rochers de Chedder. Ces rochers s'étendent au sud-ouest du Mendip dans l'espace de deux milles. Riches en minéraux, leur hauteur est de trois cents pieds, leur aspect est ce qu'il y a de plus pittoresque : on dirait de vieux châteaux et des remparts en ruines surmontés de hautes tours gothiques. De noirs sapins poussent dans les fentes des rochers, et des lierres épais contrastent avec la blancheur des pierres auxquelles ils s'attachent. Ce site est un vaste champ d'études pour un peintre. L'entrée de ce vallon pittoresque est traversée, l'espace d'un mille, par un torrent tributaire de l'Ax, et c'est de ce lieu que l'artiste a pris sa vue.

Chedder, outre ses beautés pittoresques, possède d'excellens pâturages auxquels on attribue la bonté des fromages que produisent les laiteries des environs.

QUASIMODO,

PAR G. CATTERMOLE.

« Sa cathédrale lui suffisait ; elle était peuplée de figures de marbre , rois, saints, évêques, qui du moins ne lui éclataient pas de rire au nez , et n'avaient pour lui qu'un regard tranquille et bienveillant. Les autres statues, celles des monstres et des démons, n'avaient pas de haine pour lui Quasimodo; il leur ressemblait trop pour cela. Elles raillaient bien plutôt les autres hommes. Les saints étaient ses amis, et le bénissaient; les monstres étaient ses amis, et le gardaient. Aussi avait-il de longs épanche-mens avec eux ; aussi passait-il des heures entières, accroupi devant une de ces statues, à causer solitairement avec elle. Si quelqu'un survenait, il s'enfuyait comme un amant surpris dans sa sérénade.

« Et la cathédrale ne lui était pas seulement la société, mais encore l'univers, mais encore toute la nature. Il ne rêvait pas d'autres espa-liers que les vitraux toujours en fleurs, d'autres ombrages que celui de ces feuillages de pierre, qui s'épanouissent chargés d'oiseaux dans la touffe de chapiteaux saxons ; d'autres montagnes que les tours colossales de l'Eglise, d'autre océan que Paris qui bruissait à leurs pieds. »

(VICTOR HUGO. Notre-Dame de Paris, liv. iv, ch. iii.)

MOULIN A EAU,

PAR J.-C. PYNE.

M. Pyne est allé dans le Devonshire chercher une diversion à l'aspect romantique des rochers du Sommerset. La vue pittoresque de ce moulin sur le Lynn était bien faite pour le séduire et lui paraître digne d'exercer son habile pinceau. Elle lui a fourni le sujet d'une très jolie composition. Une couleur charmante, un effet brillant, des eaux, un feuillage, des accidens de terrain rendus avec vérité, font de ce dessin une des plus agréables productions de cet artiste.

Le Devonshire ou comté de Devon s'étend à l'est du comté de Falmouth, baigné au nord par le canal de Bristol, et au sud par la Manche. La Tamar et l'Exe sont ses principales rivières : la première forme sa limite occidentale et a son embouchure dans la baie de Plimouth ; la seconde prend sa source dans le terrain stérile et marécageux nommé, par cette raison. Exemoor (marais de l'Exe); grossie par plusieurs rivières, elle se jette dans la Manche à Exmouth. En parcourant ce comté, on est frappé de la variété des sites et du sol : la vallée d'Exeter, ainsi que les terrains qui s'étendent depuis la rivière du Teign jusqu'à l'embouchure de la Tamar, n'ont point de rivaux en richesse et en prospérité, et fournissent à la consommation de Londres une superbe race de bœufs à longues cornes, renommés pour la délicatesse de leur chair; la côte méridionale joint la plus belle culture à des paysages enchanteurs, tandis que près du bord de la Tamar, un plateau de sept lieues de long sur cinq de

large offre partout l'image de la plus affligeante stérilité. Cet espace
qui, depuis les temps les plus anciens, porte le nom de forêt de Dart-
moor, ce qui semblerait indiquer que lorsqu'il reçut ce nom, il était
couvert d'arbres, ne présente plus que des marais formés par la rivière
du Dart qui le traverse, que d'immenses blocs de granit confusément
amoncelés, que des tourbières qui fournissent à l'habitant le seul com-
bustible qu'il consomme, que des bruyères qui servent de pâture à de
nombreux troupeaux de moutons maigres et petits. C'est dans le milieu
de ce sol aride et marécageux que les malheureux prisonniers de guerre
français, au nombre de plus de 7,000, furent pendant de longues années
relégués dans une forteresse.

LE FORT ROUGE,

A CALAIS,

PAR D. COX.

———◆———

M. D. Cox est un des membres fondateurs de la Société des peintres à l'aquarelle dont nous avons déjà parlé. Ses nombreuses productions lui ont acquis la réputation de dessinateur correct et de bon coloriste. Les marines sont le genre auquel il s'applique plus particulièrement ; mais il a fait aussi beaucoup de vignettes pour les ouvrages de librairie. Quoique cet artiste soit maintenant âgé d'environ soixante ans, on remarque encore dans ses tableaux et ses dessins une grande facilité d'exécution, et les années ne paraissent avoir aucunement altéré la verve et la légèreté de sa touche.

———————

Calais est une place de guerre de première classe, et possède un port commode, quoique petit et peu profond. Cette ville, entourée de remparts formant de belles promenades, se compose de rues alignées, bordées d'élégantes habitations en briques. Sur la place d'armes et près de son bel hôtel de ville, s'élève une tour d'architecture délicate servant de beffroi. De la jetée, on aperçoit les côtes de l'Angleterre, et quand le ciel est serein le château même de Douvres. On sait qu'Edouard III, roi d'Angleterre, s'empara de Calais par la famine, après un siége de treize mois, et que ce fut pour sauver la ville d'une destruction dont la menaçait le conquérant irrité d'une aussi longue résistance , que se dévouèrent six des principaux habitans. Les Anglais restèrent en possession de cette ville pendant deux cents ans. Un siége de huit jours suffit pour la restituer aux Français.

Le fort Rouge est un édifice en charpente à l'entrée du port, qui sert de lazaret.

LE BANQUET,

PAR G. CATTERMOLE.

————◆◆————

« Le banquet fut des plus joyeux, et les convives s'abandonnèrent entièrement au plaisir qui les animait en recevant dans leurs rangs une nouvelle recrue arrivant de leur chère patrie. Ils chantèrent de vieilles chansons écossaises, racontèrent d'anciennes histoires de héros écossais, rapportèrent les exploits de leur père, citèrent les lieux qui en avaient été témoins; enfin les riches plaines de la Touraine semblaient devenues en ce moment les régions stériles et montagneuses de la Calédonie.

Tandis que leur enthousiasme était porté au plus haut point, et que chacun cherchait à placer son mot pour rendre encore plus cher le souvenir de l'Ecosse, une nouvelle impulsion fut donnée par l'arrivée de lord Crawford, qui, ainsi que le Balafré l'avait fort bien prévu, avait été assis comme sur des épines à la table du roi, jusqu'à ce qu'il eut trouvé l'occasion de la quitter pour venir partager la fête de ses concitoyens. Un fauteuil de parade lui avait été réservé au bout de la table...... Cette fois-ci néanmoins lord Crawford ne voulut pas prendre la place d'honneur qui lui avait été destinée, et, exhortant les convives à la joie, il les regarda d'un air qui semblait annoncer qu'il jouissait de leurs plaisirs. »

(WALTER-SCOTT. Quentin-Durward, ch. vii.)

————————

L'Hôpital

DE GREENWICH,

PAR TH. HOLLAND.

M. Th. Holland est un jeune artiste encore peu connu. Le dessin d'après lequel a été gravée cette planche atteste de grands moyens. Le coloris en est très riche, et le point de vue est choisi avec goût. Cette vue est d'ailleurs très exacte, et l'on doit féliciter M. Holland de n'avoir point sacrifié les détails d'architecture du monument au désir de faire du pittoresque. L'effet, quoique brillant, est simple et en harmonie avec le caractère de cette composition.

L'hospice de Greenwich passe pour un des plus beaux édifices d'Angleterre, et son utile emploi comme retraite de vieux marins en fait un monument de gloire nationale aux yeux des Anglais. Là, après une vie de fatigues et de dangers, le brave matelot trouve une retraite paisible qui, par sa situation, lui remet constamment sous les yeux la scène sur laquelle il a passé sa vie.

Greenwich est situé sur le bord de la Tamise, dans le comté de Kent, cinq milles à l'est de Londres. Il y avait autrefois dans ce lieu un palais bâti par Humphry, duc de Gloucester, sous le règne de Henri V; Henri

VII l'agrandit, et Henri VIII l'ayant achevé, en fit sa résidence. Les reines Marie et Elisabeth, qui y naquirent, l'habitèrent souvent. Ce palais, négligé par suite des événemens, fut démoli par Charles II, qui en commença un autre sur le même emplacement, d'après le plan de Jean Inigo. Il agrandit et fit entourer de murs le parc et bâtit un observatoire sur une tour du duc Humphry. Une partie seulement de ce monument fut construite du vivant de Charles II; il fut terminé sous le règne de Guillaume III, qui le convertit en hôpital des marins âgés ou invalides. Ils y sont au nombre de deux mille.

Les frais de cet établissement sont prélevés principalement sur les revenus du comté de Derwentwater, qui lui furent assignés, en 1732, par le parlement; une somme de 60,000 livres sterling (1,500,000 fr.) y a été ajoutée à différentes époques par divers donateurs. La pension faite à ceux qui n'y logent pas est, dit-on, fort belle. Le gouverneur est ordinairement un ancien officier de marine. La vue que l'on a du parc est magnifique. L'œil, après s'être promené sur le sommet des chênes antiques, qui sortent par bouquets au dessus des autres arbres, s'arrête sur l'édifice placé au milieu d'un amphithéâtre de bois. Au-delà on aperçoit les deux branches de la rivière qui forment cette charmante langue de terre nommée l'île des Chiens; sur la rivière, les vaisseaux de toutes les nations qui la sillonnent y font un panorama continuel et très pittoresque; enfin à l'horizon une plaine magnifique qui se termine par une des plus grandes capitales du monde arrête la vue du spectateur émerveillé. La Tamise, du côté opposé à l'hôpital, est très profonde et l'eau en est salée dans différens endroits.

BROADSTAIRS,

PAR R. BRANDARD.

Le graveur qui a su avec les seules ressources de son art, traduire fidèlement cette couleur enchanteresse, ces effets magiques, toute cette poésie des admirables productions du pinceau de Turner, cet artiste n'est pas seulement un graveur, c'est aussi un peintre. Cette réflexion vient naturellement à l'esprit, lorsque l'on voit les belles planches faites par M. R. Brandard, d'après les tableaux de l'illustre chef de l'école anglaise moderne ; et en effet, M. R. Brandard, l'un des plus habiles graveurs, est aussi un peintre fort distingué. On remarque dans ses tableaux une connaissance parfaite de la perspective, des effets de la lumière et de la couleur ; mais il s'est fait particulièrement une réputation par le goût et le sentiment avec lesquels il dessine et touche un croquis : genre de talent que l'on peut être surpris de rencontrer chez un artiste dont les gravures sont si précieusement terminées.

Broadstairs, ou mieux Bradstow, lieu où le beau monde va prendre les bains de mer, est un gros hameau de la paroisse de Saint-Pierre dans l'île de Thanet. Cette place s'est beaucoup agrandie depuis le siècle dernier ; en 1656, il n'y avait que dix-huit maisons imposées à la taxe des pauvres ; ce nombre s'éleva à soixante en 1759, et maintenant, en 1835, c'est plutôt une ville qu'un hameau. Vis-à-vis la ville, à environ deux lieues du rivage, sont les bancs de Godwin ; ils ont dix milles d'étendue du nord au sud en longueur, et deux milles de l'est à l'ouest en largeur.

Les vaisseaux qui y touchent en sortent rarement. Le plus grand désastre que la marine anglaise ait éprouvé dans ce lieu, arriva le 27 novembre 1703. Les vaisseaux *le Sterling-Castle, la Restauration, le Northumberland* et *la Reine-Mary* se perdirent dans ces sables, et il y périt plus de onze cents marins.

TIVOLI,

PAR W. HAWELL.

M. Havell est un de ces peintres d'un grand talent, dont les ouvrages ne peuvent être
bien appréciés que par des artistes et des amateurs d'un goût éclairé. Leur exécution, qui
n'est pas exempte de lourdeur, ne séduit pas à la première vue ; mais, si on les con-
sidère avec attention, la belle ordonnance des compositions, la richesse des effets,
la multiplicité des détails qui attestent à la fois une imagination féconde et une rare connaissance de toutes les parties de l'art du peintre, excitent une véritable admiration.
Tel passe rapidement et sans s'y arrêter devant un tableau de ce maître, qui ne se lassera
pas de le regarder dès qu'il aura fixé les yeux dessus, et reconnaîtra facilement l'immense
supériorité de cette véritable œuvre de génie, de science et d'art, sur cette foule de productions sans consistance, fardées de couleurs fausses et d'effets fantastiques, dont le clinquant
l'avait d'abord séduit. On comprend qu'un talent solide et vrai comme celui de M. Havell,
mais qui n'offre pas ce charme et ce brillant qui attirent la foule, n'a pu acquérir à cet artiste une célébrité égale à son mérite ; mais les connaisseurs le placent au rang des hommes
qui font le plus d'honneur à l'école moderne, et le considèrent particulièrement comme un
des maîtres anglais qui possède au plus haut degré la théorie de son art.

Tivoli, l'ancien Tibur, est situé sur une montagne couverte d'oliviers.
La ville se vante de son antiquité et possède encore une population considérable. Sa situation est belle. Abritée d'un côté par le mont Catili
et par un rang demi-circulaire des monts Sabins, de l'autre côté sa vue

embrasse toute la campagne jusqu'à la mer, Rome, le Monte-Soracte, les collines pyramidales de Monticelli et le Monte-Rotondo, l'ancien Eretrum.

L'orgueil et l'ornement de Tivoli était une belle cascade que formait l'Arno près du temple de Vesta; cette cascade fut détruite, il y a quelques années, par une crue extraordinaire de la rivière. Ce dégât fut réparé sous le pontificat du pape Léon XII, par le moyen artificiel d'une écluse; mais, comme on le pense bien, on n'a pu lui rendre sa beauté primitive et naturelle. Avant cet événement, la rivière, après avoir serpenté long-temps dans la vallée Sabine, traversait Tivoli jusqu'à un rocher, d'où elle se précipitait, et là, après avoir bouillonné pendant quelque temps dans un chenal obscur, elle se précipitait avec impétuosité par une ouverture dans une caverne souterraine. Les rives du canal sont hautes de deux cents pieds et couvertes d'arbrisseaux et de verdure ; c'est sur le sommet de l'une d'elles qu'est le monument célèbre sous le nom de *Temple de la Sibylle*, mais qu'on a attribué avec plus de raison à Vesta. Ce temple, comme tous ceux dédiés à cette déesse, est de forme circulaire et d'ordre corinthien. Il fut bâti sous le règne d'Auguste, et est admiré par tout le monde plutôt pour ce qu'on dit de la beauté de ses proportions et de sa situation que pour sa grandeur. Le corps du temple était autrefois entouré de dix-huit colonnes, dix sont encore debout. On dit que le comte de Bristol offrit une somme considérable de cette ruine, dans le dessein de l'enlever et de la faire reconstruire dans son parc. Ce désir fut heureusement frustré par un décret du gouvernement papal, qui déclara que ce monument était une propriété publique.

Le

RIVAGE DE LA MER,

PAR COX.

Prenant pour sujet d'un tableau le rivage de la mer, bien des peintres chercheraient les élémens de leur composition dans une masse de ro-chers d'un aspect romantique, contre lesquels les flots viendraient se briser et que couronnerait un riche paysage. M. Cox n'a pas cru devoir faire tant de frais d'imagination. Il a représenté, telle qu'il l'a vue, cette plage abandonnée momentanément par les eaux, et que dans peu d'heures elles envahiront encore. Aucun accident de terrain, pas la moindre trace de végétation. Une surface unie sur laquelle sont échoués quelques bâtimens; une charrette attelée de deux chevaux qui vient en-lever les marchandises que l'on a déchargées; trois ou quatre person-nages qui animent cette scène, et à l'horizon la mer qui vient de fuir, ont suffi à cet artiste. Mais cette composition si simple est ordonnée avec art; et au charme de la vérité elle joint l'attrait d'une exécution par-faite. Correction et pureté de dessin, effet piquant, brillant coloris, ce joli tableau réunit à un degré remarquable toutes les qualités qui distin-guent le talent de M. Cox.

Le
CHATEAU DE KATZE,

PAR H. BROWNE.

Ce n'est pas par un nom déjà illustre que nous terminerons cette première série de la galerie des artistes anglais ; mais le talent de M. Browne donne de grandes espérances , et il
entre dans notre plan de signaler parmi les jeunes artistes encore au début de la carrière ,
ceux qui sont destinés à y marquer.

Le site pittoresque des ruines du château de Katze a fourni à M. Browne le sujet d'une fort
jolie composition, et le point de vue en a été choisi avec goût. On peut reprocher à l'exécution de ce dessin quelque mollesse et de l'indécision dans l'effet; mais il est d'un aspect très
agréable , et atteste les plus heureuses dispositions.

Dans la seconde série de cette galerie, nous continuerons à passer en revue les artistes
qui viennent chaque année enrichir de leurs productions les exhibitions de Londres, et, en
donnant des tableaux ou des dessins faits exprès pour cette collection par les célèbres Turner,
Harding, Prout, Copley Fielding et autres chefs de l'école moderne , nous indiquerons ce
qui distingue le génie et la manière particulière de chacun de ces maîtres.

Les ruines du Katze sont situées sur le Rhin, entre le Reinfels et le
Lurleyberg, célèbre par son écho. Le château est bâti derrière la ville
de Goarhausen. Les habitans de ce pays étaient autrefois appelés les

Kattes, d'où la place tire son nom de Katze. Le territoire appartenait à une noble famille du nom de Katze-Nellenbogen. Le château, qui fut bâti en 1393 par le troisième comte de ce nom, fut détruit en partie par Napoléon, en 1807.

Fin de la Première Série.

www.ingramcontent.com/pod-product-compliance
Lightning Source LLC
Chambersburg PA
CBHW052052270326
41931CB00012B/2723

9 782011 896643